Deutsch als Fremdsprache

Brigitte Loibl
Sandra Jotzo
Wolfgang Baum

Schritte plus im Beruf 2 – 6

Kommunikation am Arbeitsplatz

Hueber Verlag

Das Werk und seine Teile sind urheberrechtlich geschützt.
Jede Verwertung in anderen als den gesetzlich zugelassenen
Fällen bedarf deshalb der vorherigen schriftlichen Einwilligung
des Verlags.

Hinweis zu § 52a UrhG: Weder das Werk noch seine Teile
dürfen ohne eine solche Einwilligung überspielt, gespeichert
und in ein Netzwerk eingespielt werden. Dies gilt auch für
Intranets von Firmen, Schulen und sonstigen
Bildungseinrichtungen.

Eingetragene Warenzeichen oder Marken sind Eigentum des
jeweiligen Zeichen- bzw. Markeninhabers, auch dann, wenn
diese nicht gekennzeichnet sind. Es ist jedoch zu beachten,
dass weder das Vorhandensein noch das Fehlen derartiger
Kennzeichnungen die Rechtslage hinsichtlich dieser
gewerblichen Schutzrechte berührt.

6.	5.	4.			Die letzten Ziffern
2021	20	19	18	17	bezeichnen Zahl und Jahr des Druckes.

Alle Drucke dieser Auflage können, da unverändert,
nebeneinander benutzt werden.
1. Auflage
© 2009 Hueber Verlag GmbH & Co. KG, 85737 Ismaning, Deutschland
Illustrationen: Gisela Specht, Weßling
Verlagsredaktion: Valeska Hagner, Hueber Verlag, Ismaning
Herstellung: Astrid Hansen, Hueber Verlag, Ismaning
Satz: Birgit Winter, Seefeld
Umschlaggestaltung: Astrid Hansen, Hueber Verlag, Ismaning
Umschlagfotos: Supermarkt: © getty images/Blend Images;
Gruppe: © fotolia/AVAVA; Baumarkt: © getty images/Photodisc
Druck und Bindung: Passavia Druckservice GmbH & Co. KG, Passau
Printed in Germany
ISBN 978-3-19-571704-5

Schritte plus im Beruf  Inhalt

Kommunikation am Arbeitsplatz

Schritte plus 2

zu Lektion 8:	Über die Arbeitsverteilung in einem Team sprechen	5
zu Lektion 9:	Telefonisch um Auskunft bitten	8
zu Lektion 10:	Ein Unfall am Arbeitsplatz – Hilfe rufen	10
zu Lektion 11:	Über einen Schicht- und Einsatzplan sprechen	12
zu Lektion 12:	Telefonische Bestellungen machen	15
zu Lektion 13:	Anweisungen zur (Schutz-)Kleidung verstehen	17
zu Lektion 14:	Der Einstand – eine Einladung annehmen / schreiben	19

Schritte plus 3

zu Lektion 1:	Einen Personalbogen ausfüllen	21
zu Lektion 2:	Einen Arbeitsauftrag bekommen und darauf reagieren	25
zu Lektion 3:	Gespräche in der Kantine	29
zu Lektion 4:	Schriftliche Mitteilungen am Arbeitsplatz:	
	Termine bestätigen, absagen, verschieben	32
	Einen Arbeitsauftrag weitergeben	35
zu Lektion 5:	Über Zuständigkeiten und Abteilungen sprechen	37
zu Lektion 6:	Eine Agenda verstehen und schreiben	40
zu Lektion 7:	Über Gepflogenheiten am Arbeitsplatz sprechen	43

Schritte plus 4

zu Lektion 8:	Mit Kollegen Small Talk machen	46
zu Lektion 9:	Über Waren mündlich Auskunft geben	49
zu Lektion 10:	Wichtige Wörter und Wendungen für Geschäftsbriefe	52
zu Lektion 11:	Mit Kollegen Absprachen treffen	56
zu Lektion 12:	Seinen Urlaub beantragen und eine Abwesenheitsnotiz schreiben	58
zu Lektion 13:	Eine Verdienstabrechnung lesen und verstehen	60
zu Lektion 14:	Die Dienstübergabe – ein Protokoll lesen und schreiben	63

Schritte plus im Beruf — Inhalt

Schritte plus 5

zu Lektion 1:	Über seinen beruflichen Werdegang sprechen	66
zu Lektion 2:	Ein Protokoll lesen und verstehen, über Teamarbeit diskutieren	71
zu Lektion 3:	Einen Beipackzettel lesen und verstehen	74
zu Lektion 4:	Stellenanzeigen verstehen und eine Bewerbung schreiben	76
zu Lektion 5:	Bei einem Bewerbungsgespräch wichtige Informationen verstehen und eigene Vorstellungen äußern	80
zu Lektion 6:	Über Entwicklungen in der Firma sprechen	82
zu Lektion 7:	Konflikte am Arbeitsplatz	84

Schritte plus 6

zu Lektion 8:	Einen Vortrag hören und dabei das Wichtigste notieren	86
zu Lektion 9:	Über Waren und Dienstleistungen schriftlich Auskunft geben	88
zu Lektion 10:	Eine Produktpräsentation hören und selbst ein Produkt präsentieren	93
zu Lektion 11:	Über Regelungen am Arbeitsplatz sprechen	96
zu Lektion 12:	Sich über Weiterbildungsmöglichkeiten beraten lassen	99
zu Lektion 13:	Arbeitsdokumenten (Vertrag, Kündigung) wichtige Informationen entnehmen	101
zu Lektion 14:	Ein Wiederholungsspiel	104

Lösungen und Transkriptionen — 106

Schritte plus im Beruf

Schritte plus 2/8

Über die Arbeitsverteilung in einem Team sprechen

Herr Kada hat eine neue Stelle gefunden. Er arbeitet jetzt in einer kleinen Lebensmittelfiliale am Stadtrand. An seinem ersten Arbeitstag stellt Frau Bauer, die Filialleiterin, Herrn Kada die Kolleginnen und Kollegen vor.

1 Was passt? Hören Sie und ordnen Sie zu. Track 2

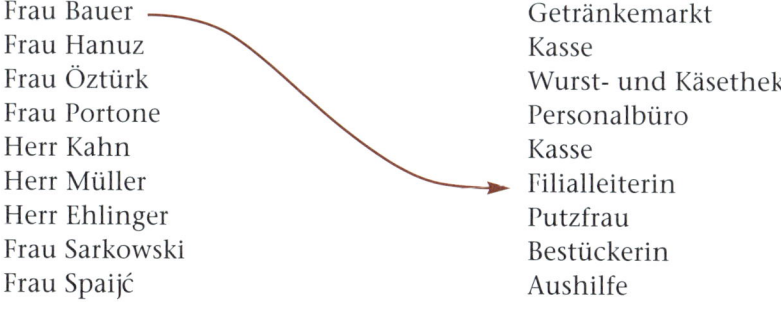

Frau Bauer — Getränkemarkt
Frau Hanuz — Kasse
Frau Öztürk — Wurst- und Käsetheke
Frau Portone — Personalbüro
Herr Kahn — Kasse
Herr Müller → Filialleiterin
Herr Ehlinger — Putzfrau
Frau Sarkowski — Bestückerin
Frau Spaijć — Aushilfe

Schritte plus im Beruf

Schritte plus 2/8

Über die Arbeitsverteilung in einem Team sprechen

2 Lesen Sie die Wörter. Sprechen Sie dann in der Gruppe: Wer macht was?

> Wer verkauft Getränke?

> Herr Ehlinger. Er arbeitet bei den Getränken.

Getränke verkaufen • Regale einräumen • Wurst verkaufen • die Filiale putzen
Geld zurückgeben • Waren bestellen • für alles verantwortlich sein • leere Flaschen zurücknehmen
Käse aufschneiden • die Urlaubsplanung machen • Beschwerden von Kunden entgegennehmen
den Laden am Morgen aufmachen • den Laden am Abend zumachen • leere Kartons entsorgen
überall mithelfen • die Waren auszeichnen

3 Hören Sie das Gespräch. Was ist richtig? Kreuzen Sie an.

a Frau Spaijć räumt die Kartons ein. ☐
b Sie hilft auch bei den Getränken aus. ☐
c Frau Spaijć arbeitet alleine. ☐
d Herr Kada und sie arbeiten bald zusammen. ☐
e Herr Kada kann zu Frau Spaijć „du" sagen. ☐

4 Lesen Sie mit Ihrer Partnerin / Ihrem Partner zwei bis drei Texte und spielen Sie Gespräche wie in 3. Die Redemittel unten helfen Ihnen.

Frau Öztürk und Frau Portone arbeiten als Kassiererinnen an der Kasse. Dort bezahlen die Kunden für ihre Einkäufe. Manchmal bringen Leute auch Waren zurück und beschweren sich. Frau Öztürk und Frau Portone bleiben dann freundlich und holen die Filialleiterin.

Herr Müller arbeitet an der Wurst- und Käsetheke. Er bedient die Kunden, schneidet Wurst und Käse auf, wiegt alles ab und verpackt die Ware.

Herr Ehlinger arbeitet im Getränkemarkt. Er verkauft Mineralwasser, Saft, Bier und Wein und nimmt leere Flaschen und Getränkekästen zurück. Er ist schon seit fünf Jahren in dieser Filiale und kennt viele Kunden mit Namen.

Frau Sarkowski arbeitet als Putzfrau. Ihre Arbeit beginnt jeden Abend um zwanzig Uhr. Sie putzt die Regale und Kassen und wischt die Böden mit heißem Wasser. Manchmal arbeitet sie bis elf Uhr nachts. Am Sonntag ist der Laden geschlossen. Da putzt sie besonders gründlich.

Schritte plus im Beruf

Über die Arbeitsverteilung in einem Team sprechen

Thomas Kahn ist Aushilfe. Er arbeitet jeden Tag für ein paar Stunden in der Filiale und hilft überall mit. Vormittags ist er nicht im Laden. Da geht er zur Schule.

Frau Hanuz arbeitet im Personalbüro. Sie macht die Verdienstabrechnungen und notiert die Urlaubs- und Krankentage der Mitarbeiter. Sie arbeitet eng mit Frau Bauer zusammen.

Frau Bauer ist die Filialleiterin. Sie ist für alles verantwortlich. Frau Bauer macht den Einkauf, das heißt, sie bestellt die neuen Waren. Frau Bauer arbeitet seit der Eröffnung vor sieben Jahren in der Filiale.

Was machen Sie?	Ich mache … .
Was genau ist Ihre Aufgabe?	Ich arbeite als … . Da muss ich … .
Arbeiten Sie allein? Mit wem arbeiten Sie zusammen?	Ich arbeite allein / mit … zusammen.
Wer macht …?	Das macht bei uns … .
Wo finde ich …?	Der … / Die … / Das … finden Sie / findest du … .

5 Und was muss Herr Kada machen? Machen Sie Sätze.

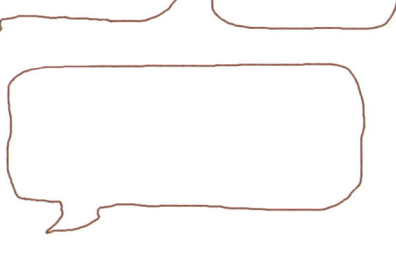

Lebensmittel ~~einräumen~~ • Kartons entsorgen • an der Kasse aushelfen • leere Flaschen zurücknehmen • Kundenfragen beantworten • Waren auszeichnen • Fenster putzen • …

6 Ihre Arbeit und die Arbeit von Ihren Kolleginnen und Kollegen. Sprechen Sie.

- Was sind Sie von Beruf?
- Arbeiten Sie in einem Team? Wie groß ist das Team?
- Wer macht was?
- Wo arbeiten Sie?
- Was machen Ihre Kolleginnen und Kollegen?
- Was ist Ihre Aufgabe?

Schritte plus im Beruf

Schritte plus 2/9

Telefonisch um Auskunft bitten

1 Lesen Sie die deutsche Buchstabiertafel laut und buchstabieren Sie Ihren Namen.

A	Anton	I	Ida	R	Richard
Ä	Ärger	J	Julius	S	Siegfried
B	Berta	K	Konrad/Kaufmann	Sch	Schule
C	Cäsar	L	Ludwig	T	Theodor
Ch	Charlotte	M	Martha	U	Ulrich
D	Dora	N	Nordpol	Ü	Übermut/Übel
E	Emil	O	Otto	V	Viktor
F	Friedrich	Ö	Ökonom/Österreich	W	Wilhelm
G	Gustav	P	Paula	X	Xanthippe/Xaver
H	Heinrich	Q	Quelle	Y	Ypsilon
				Z	Zeppelin/Zürich

**2 Hören Sie und ergänzen Sie die Namen.
Was ist der Familienname, was ist der Vorname?** Track 4

a _____,_____

b _____,_____

c _____,_____

d _____,_____

3 Hören Sie das Gespräch und ergänzen Sie die Telefonnummer. Track 5

● Telefonauskunft, mein Name ist Birgit Meier. Guten Tag. Was kann ich für Sie tun?
◆ Braun, guten Tag! Ich brauche die Telefonnummer von Carlos Juanez in Hamburg, bitte.
● Buchstabieren Sie den Namen bitte!
◆ Julius – Ulrich – Anton – Nordpol – Emil – Zeppelin, Juanez und der Vorname: Cäsar – Anton – Richard – Ludwig – Otto – Siegfried, Carlos.
● Juanez ist der Familienname?
◆ Richtig, und Carlos ist der Vorname.
● Haben Sie auch die Adresse?
◆ Ja. Die Adresse ist die Bahnhofstraße 12 in Hamburg.
● Danke. Die Telefonnummer wird angesagt. Möchten Sie dann verbunden werden?
◆ Nein danke. Auf Wiederhören!
● Bitte sehr. Auf Wiederhören!
■ Die gewünschte Rufnummer lautet: _____.
Die Vorwahl lautet: _____.

Schritte plus im Beruf

Schritte plus 2/9

Telefonisch um Auskunft bitten

4 Spielen Sie die Gespräche.

Rosa Meier
Brunnenweg 17
München
089/3267715

Jochen Schneider
Berliner Allee 12
Dresden
0351/658944

Simone Reinhardt
Marienplatz 8
Berlin
030/7977326

Hermann Hübner
Ringstr. 15
Nürnberg
0911/449382

Telefonauskunft, mein Name ist … .
Was kann ich für Sie tun?

Guten Tag, mein Name ist … .
Ich brauche die Telefonnummer von … .

Buchstabieren Sie bitte.

Der Familienname ist: … .
Und der Vorname: … .

Und die Adresse?

…

Danke. Die Telefonnummer wird angesagt.
Möchten Sie dann verbunden werden?

…

Schritte plus im Beruf

Ein Unfall am Arbeitsplatz – Hilfe rufen

1 Wen sehen Sie auf den Fotos? Ordnen Sie zu.

a ☐ Den Notarzt.   b ☐ Die Polizei.   c ☐ Die Feuerwehr.

2 Welche Telefonnummer wählen Sie? Ergänzen Sie.

die Feuerwehr: _____
die Polizei: _____
der Notarzt / der Rettungsdienst: _____

3 Hören Sie das Telefongespräch und kreuzen Sie an. Track 6

a Wen ruft der Mann an?
☐ Den Hausarzt.
☐ Das Krankenhaus.
☐ Die Notrufzentrale.

b Was möchte der Mann?
☐ Ärztliche Hilfe holen.
☐ Einen Krankenwagen schicken.
☐ Einen Kollegen abholen.

4 Hören Sie das Telefongespräch noch einmal. Ergänzen Sie. Track 6

> in der Industriestraße 13 • ist verletzt • ~~hatte einen Unfall~~
> brauchen dringend einen Arzt • starke Schmerzen

- ● Notrufzentrale. Mein Name ist Delf. Wer ist bitte am Apparat?
- ◆ Mein Name ist Schmidt. Ich, ich äh, mein Kollege _hatte einen Unfall_.
- ● Was ist passiert?
- ◆ Äh, mein Kollege kann nicht mehr aufstehen. Er _____.
  Sein Rücken tut weh. Sehr weh. Wir _____.
- ● Wann ist der Unfall passiert?
- ◆ Wann? Ja, warten Sie, gerade eben, nein vielleicht vor fünf Minuten. Ach, kommen Sie bitte schnell, mein Kollege hat _____.
- ● Wo sind Sie?
- ◆ Im Lager. Äh, ich meine in der Arbeit. Bei der Firma Wetzel. Die ist _____ _____ in Bischberg.
- ● Gut. Wir schicken einen Krankenwagen in die Industriestraße 13 nach Bischberg. In 10 Minuten ist Hilfe bei Ihnen. Auf Wiederhören.
- ◆ Vielen Dank. Auf Wiederhören.

Schritte plus im Beruf

Schritte plus 2/10

Ein Unfall am Arbeitsplatz – Hilfe rufen

a Hören Sie das Telefongespräch ein drittes Mal und vergleichen Sie. (Track 6)

b Welche vier Fragen muss der Mann beantworten? Markieren Sie und schreiben Sie.

1 _____

2 _____

3 _____

4 _____

5 Rollenspiel: Spielen Sie mit Ihrer Partnerin/mit Ihrem Partner die Telefongespräche.

> **Kindergarten / einen Notfall melden:**
> Sie arbeiten in einem Kindergarten.
> Ein Kind ist gefallen und blutet stark am Kopf.
> Rufen Sie die Notrufzentrale an.

> **Kindergarten / einen Notruf annehmen:**
> Sie bekommen einen Notruf.
> Stellen Sie die vier Fragen:
> *Wer? Was? Wann? Wo?*

> **Bäckerei / einen Notfall melden:**
> Sie arbeiten in einer Bäckerei.
> Aus der Backstube kommt plötzlich schwarzer Rauch.
> Rufen Sie die Feuerwehr an.
> Melden Sie das Feuer.

> **Bäckerei / einen Notfall annehmen:**
> Sie haben in der Notrufzentrale Dienst und
> bekommen einen Anruf. Stellen Sie die vier
> Fragen: *Wer? Was? Wann? Wo?*
> Fragen Sie auch: *Wie viele Verletzte gibt es?*

Schritte plus im Beruf

Über einen Schicht- und Einsatzplan sprechen

1 Hören Sie die Gespräche und ordnen Sie die Informationen den Personen zu.

Emine Aslan

Carlos Blanco

Jürgen Kunze

Piotr Hanowski

> arbeitet als Putzfrau • ist Busfahrer • arbeitet gerne nachts • arbeitet am Flughafen
> fährt immer nur fünf Stunden • beginnt erst um 19 Uhr • arbeitet am liebsten morgens
> arbeitet auch am Wochenende • hat Frühschicht, Spätschicht oder Nachtschicht
> kann seine Arbeitszeiten frei wählen

2 Wie heißen die Wörter richtig? Was bedeuten sie? Ordnen Sie und erklären Sie.

a hrFühscicth die _____

b zbAreisteit die _____

c thcihcstäpS die _____

d nechWendoe das _____

e chsiNtacchht die _____

3 Arbeiten Sie mit Ihrer Partnerin / Ihrem Partner. Partner A hat Schichtplan A, Partner B hat Schichtplan B. Wann arbeiten die Leute? Fragen Sie und ergänzen Sie Ihren Schichtplan. Vergleichen Sie dann.

Partner/-in A: *Wann arbeitet Herr Wörner am Montag?*
Partner/-in B: *Herr Wörner arbeitet am Montag nicht. Er hat frei.*

Partner/-in A: *Arbeitet Herr Wörner am Freitag?*
Partner/-in B: *Ja. Herr Wörner hat am Freitag Spätschicht.*

SCHICHTPLAN A	Mitarbeiter	Montag	Dienstag	Mittwoch	Donnerstag	Freitag	Samstag	Sonntag
	Frank Wörner	?	F	F	S	?	?	?
	Jürgen Kunze	X	X	?	?	F	S	S
	Miroslav Batić	N	N	?	?	U	?	?

F = Frühschicht   S = Spätschicht   N = Nachtschicht   U = Urlaub   X = frei

Schritte plus im Beruf

Schritte plus 2/11

Über einen Schicht- und Einsatzplan sprechen

Partner/-in B: *Wann arbeitet Herr Kunze am Montag?*
Partner/-in A: *Am Montag arbeitet Herr Kunze nicht. Er hat frei.*

Partner/-in B: *Arbeitet Herr Wörner am Donnerstag?*
Partner/-in A: *Ja. Herr Wörner hat am Donnerstag Spätschicht.*

SCHICHTPLAN B	Mitarbeiter	Montag	Dienstag	Mittwoch	Donnerstag	Freitag	Samstag	Sonntag
	Frank Wörner	X	F	?	?	S	S	N
	Jürgen Kunze	?	?	F	F	?	?	?
	Miroslav Batić	?	?	X	X	?	U	U

F = Frühschicht   S = Spätschicht   N = Nachtschicht   U = Urlaub   X = frei

4 Hören Sie die Gespräche und ergänzen Sie.
Track 8-10

> Urlaub • Spätschicht • die Schicht tauschen • die Frühschicht übernehmen
> die Nachtschicht • Frühschicht

a Gespräch 1:

* Herr Batić, leider ist Herr Wörner krank geworden. Könnten Sie am Sonntag _____ für ihn machen?

● Das geht leider nicht. Ich habe am Sonntag _____.

* Ach ja, richtig. Nun, dann muss ich Herrn Kunze fragen.

b Gespräch 2:

◆ Hallo, Miro! Du, ich habe eine Frage: Meine Frau hat nächste Woche am Mittwoch Geburtstag. Da habe ich _____. Ich würde gerne tauschen. Wann musst du denn arbeiten?

▲ Am Mittwoch? Da habe ich _____. Wir können gerne tauschen.

◆ Ja, das wäre gut. Ich frage dann mal den Moretti. Ich hoffe, er ist einverstanden.

▲ Alles klar. Sagst du mir Bescheid?

◆ Ja, das mache ich. Vielen Dank schon einmal.

Schritte plus im Beruf

Über einen Schicht- und Einsatzplan sprechen

c Gespräch 3:

- Herr Moretti, kann ich Sie einen Moment sprechen?
- Ja. Was gibt es denn?
- Ich würde gerne nächsten Mittwoch mit Herrn Batić _____. Meine Frau hat nämlich Geburtstag. Ist das für Sie in Ordnung?
- Einen Moment, ich sehe mal nach. Also, Sie _____ dann _____ und Herr Batić macht die Spätschicht?
- Ja, genau.
- Also gut, einverstanden. Ich habe es notiert.
- Vielen Dank, Herr Moretti.

5 Arbeiten Sie mit Ihrer Partnerin / Ihrem Partner und machen Sie Rollenspiele.

> Sie sind Krankenschwester und sollen diese Woche am Wochenende die Nachtschicht übernehmen. Aber Sie hatten schon in der letzten Woche fünfmal Nachtschicht. Ihr Chef will eine andere Kollegin fragen.

> Ihr Kollege hat morgen Hochzeitstag und will mit seiner Frau abends zum Essen gehen. Deshalb möchte er mit Ihnen die Schicht tauschen. Sie sollen für ihn die Spätschicht übernehmen und er macht die Frühschicht.

> Im Schichtplan für Straßenbahnfahrer ist ein Fehler passiert: Ihr Chef hat Sie am Dienstag zweimal eingeteilt: von 5:00 – 10:00 Uhr und von 10:00 – 15:00 Uhr. Sprechen Sie mit ihm.

6 Was sind Ihre Arbeitszeiten? Sprechen Sie.

- Was sind Sie von Beruf?
- Wann arbeiten Sie?
- Haben Sie schon Schicht gearbeitet?
- Wann möchten Sie arbeiten?

Schritte plus im Beruf

Telefonische Bestellungen machen

1 Ordnen Sie das Gespräch. Hören Sie dann und vergleichen Sie.

☐ Podolski, Beata.

[1] Brücken-Apotheke, guten Tag. Sie sprechen mit Frau Maier.
Was kann ich für Sie tun?

☐ Richtig! Das hätte ich beinahe vergessen ... Vielen Dank. Auf Wiederhören.

☐ Natürlich, gern. Wie war noch einmal Ihr Name?

☐ Guten Tag, hier spricht Beata Podolski.
Könnte ich zwei Medikamente bei Ihnen bestellen?

☐ *(Nach einer Pause)* Hören Sie? *Veltoran* haben wir da. Die Tabletten müssten wir allerdings bestellen.
Die könnten Sie dann heute ab 12 Uhr abholen. Reicht Ihnen das?

☐ Ich bräuchte die Tabletten *Ripral* und dann noch die Salbe *Veltoran*.

☐ In Ordnung, Frau Podolski. Sie können die beiden Medikamente dann heute Mittag abholen.
Und bringen Sie bitte auch das Rezept für *Ripral* mit.

☐ Einen Augenblick, bitte. Ich sehe gleich nach, ob wir die Medikamente vorrätig haben.

☐ Ja, das ist in Ordnung. Würden Sie mir bitte die Salbe bis dahin zurücklegen?

☐ Aber sicher. Was brauchen Sie denn?

☐ Gerne, Frau Podolski. Dann bis heute Mittag. Auf Wiederhören!

Schritte plus im Beruf

Telefonische Bestellungen machen

2 Hören Sie das Gespräch noch einmal. Kreuzen Sie an: Was ist richtig? *Track 11*

Wo ruft die Frau an?
a ☐ Beim Arzt.
b ☐ In der Apotheke.
c ☐ Im Krankenhaus.

Was möchte die Frau?
a ☐ Medikamente bestellen.
b ☐ Einen Termin vereinbaren.
c ☐ Ein Rezept bestellen.

Wann kann Frau Podolski die Medikamente abholen?
a ☐ Sie kann gleich kommen.
b ☐ Sie kann ab 12 Uhr kommen.
c ☐ Sie soll um 12 Uhr noch einmal anrufen.

3 Frau Podolski muss nun das Rezept für die Tabletten *Ripral* beim Arzt bestellen.
Spielen Sie mit Ihrer Partnerin / Ihrem Partner das Telefongespräch.
Die Redemittel helfen Ihnen dabei.

Arzthelferin / Arzthelfer:

> Praxis Dr. ... . Guten Tag. Sie sprechen mit ... .
> Was kann ich für Sie tun? / Wie kann ich
> Ihnen helfen?
> Was brauchen Sie denn?
> Wie war noch einmal Ihr Name?

Anruferin / Anrufer:

> Guten Tag. Hier spricht ... . / Mein Name ist ... .
> Könnte ich bei Ihnen ... ? / Ich möchte gerne
> ... . / Ich würde gerne ... .
> Ich brauche / Ich bräuchte ... .
> (Ab) wann kann ich ... ?

4 Es ist 12 Uhr. Frau Podolski ist in der Apotheke und holt die Medikamente ab.
Spielen Sie mit Ihrer Partnerin / Ihrem Partner das Gespräch.

Schritte plus im Beruf

Schritte plus 2/13

Anweisungen zur (Schutz-)Kleidung verstehen

1 Was sind die Männer auf den Fotos von Beruf? Kreuzen Sie an.

☐ Mechaniker ☐ Schweißer ☐ Bauarbeiter

a Ergänzen Sie die Wörter.

> der Arbeitsanzug • die (Leder-)Schürze • die Handschuhe • der Helm
> die Sicherheitsschuhe • der Gehörschutz • die Schutzbrille

b Was ist richtig? Kreuzen Sie an.

☐ Bei dieser Arbeit passieren oft Unfälle.

☐ Bei dieser Arbeit wird die Kleidung schnell schmutzig.

→ Also trägt der Mann Schutzkleidung.

2 Lesen Sie die Anweisung. Kreuzen Sie an: richtig oder falsch?

!!! ACHTUNG - ACHTUNG - ACHTUNG !!!

1. Ihr Vorgesetzter[1] gibt Ihnen die Schutzkleidung vor Arbeitsbeginn!
2. Tragen Sie Ihre Schutzkleidung zu Ihrer eigenen Sicherheit bei allen Arbeiten!
3. Die Schutzkleidung gibt es in allen Größen und muss Ihnen genau passen.
4. Ihre Schutzkleidung – das sind:
   - ein Schutzanzug für Schweißer
   - eine Lederschürze
   - Schutzhandschuhe
   - ein Helm mit Schutzfilter
   - Sicherheitsschuhe
   - Gehörschutz
5. Arbeiten mit kaputter Schutzkleidung ist verboten!

[1] Vorgesetzte der: der Chef

Schritte plus im Beruf

Schritte plus 2/13

Anweisungen zur (Schutz-)Kleidung verstehen

		richtig	falsch
a	Der Schweißer bekommt zuerst seine Schutzkleidung, vorher darf er nicht arbeiten.	☐	☐
b	Der Schweißer muss fast immer Schutzkleidung tragen.	☐	☐
c	Die Schutzkleidung gibt es in einer Größe. Diese Größe passt allen.	☐	☐
d	Die Schutzkleidung für einen Schweißer besteht aus fünf Teilen.	☐	☐
e	Die Schutzkleidung darf nicht kaputt sein.	☐	☐

3 Sehen Sie die Bilder an. Wer trägt was? Sprechen Sie.

die Uniform • der Anzug • die Schwesternhaube
die Latzhose • die Krawatte • das Kostüm • der Kittel

Der Polizist trägt einen / ein / eine ... .
Die Krankenschwester hat einen / ein / eine ... an und trägt eine ... .

4 Überfliegen Sie den Text. Für welchen Beruf aus Aufgabe 3 gilt diese Kleiderordnung?

Dienstkleidung (überwiegend weiße Kittel, Hosen und flache Schuhe) muss man auf den Pflegeabteilungen und in einigen Funktionsbereichen tragen. Bei Betreten der Cafeteria muss man die Visitenkittel ablegen und in der Garderobe aufhängen.

Schutzkleidung (Kittel oder Schürze) trägt man je nach Tätigkeit (Personalschutz) oder patientenbezogen (Hygiene) darüber und legt sie nach Beendigung der entsprechenden Tätigkeit ab bzw. gibt sie zur Wäsche.
OP[2]-Kleidung: Den Zentral-OP darf man nur in grüner OP-Kleidung und OP-Schuhen betreten, diese Kleidung muss man beim Verlassen des OP ablegen.

5 Suchen Sie die Informationen im Text und antworten Sie.

a Welche Farbe hat die Dienst- und Schutzkleidung hier?
b Was gehört zur Dienst- und Schutzkleidung?
c Was muss man in der Cafeteria machen?
d Was macht man nach Arbeitsschluss mit der Schutzkleidung?
e Warum muss man Schutzkleidung tragen?

6 Welche Dienst- oder Schutzkleidung müssen Sie tragen? Erzählen Sie.

Ich arbeite als ... . / Ich bin ... von Beruf.
Bei meiner Arbeit muss ich ... tragen. / keine Schutzkleidung tragen.

---
2 OP der: kurz für: der Operationssaal

Schritte plus im Beruf

Der Einstand – eine Einladung annehmen / schreiben

1 Der Einstand

a Lesen Sie den Text. Was macht man bei einem Einstand? Kreuzen Sie an.

> Sie kommen in ein deutschsprachiges Land und arbeiten dort in einem Büro, Geschäft oder Betrieb? Dann geben Sie doch Ihren **Einstand**: Bringen Sie Getränke, Kuchen oder belegte Brötchen mit und laden Sie Ihre Kolleginnen und Kollegen dazu ein. Sie lernen so die Kollegen persönlich kennen und können ihnen für ihre Hilfe in den ersten Tagen danken.
> Sie müssen Ihren Einstand natürlich nicht gleich an Ihrem ersten oder zweiten Arbeitstag geben. Die richtige Zeit für einen Einstand ist ungefähr zwei Wochen nach Arbeitsbeginn.
> Sie verlassen Deutschland, Österreich oder die Schweiz wieder? Dann geben Sie doch Ihren **Ausstand**. So können Sie sich von Ihren Kolleginnen und Kollegen verabschieden und sich für die gute Zusammenarbeit bedanken.

1 arbeiten ☐   4 den ersten Arbeitstag feiern ☐

2 etwas essen und trinken ☐ 5 den Kollegen *Auf Wiedersehen* sagen ☐

3 mit den Kollegen sprechen ☐ 6 sich bei den Kollegen bedanken ☐

b Gibt man auch in Ihrem Land „seinen Einstand"?

2 Was passt? Ordnen Sie zu.

a Die *Vertriebsabteilung*   ist ein Gericht aus Eiern.

b Eine große Firma hat oft viele *Standorte*.   ist ein Teil in einer Firma. Ihre Aufgabe ist der Verkauf von Produkten.

c Ein *Omelett*   Das bedeutet: Die Firma gibt es in verschiedenen Stadtteilen, Städten oder Ländern.

3 Lesen Sie die E-Mail und beantworten Sie die Fragen.

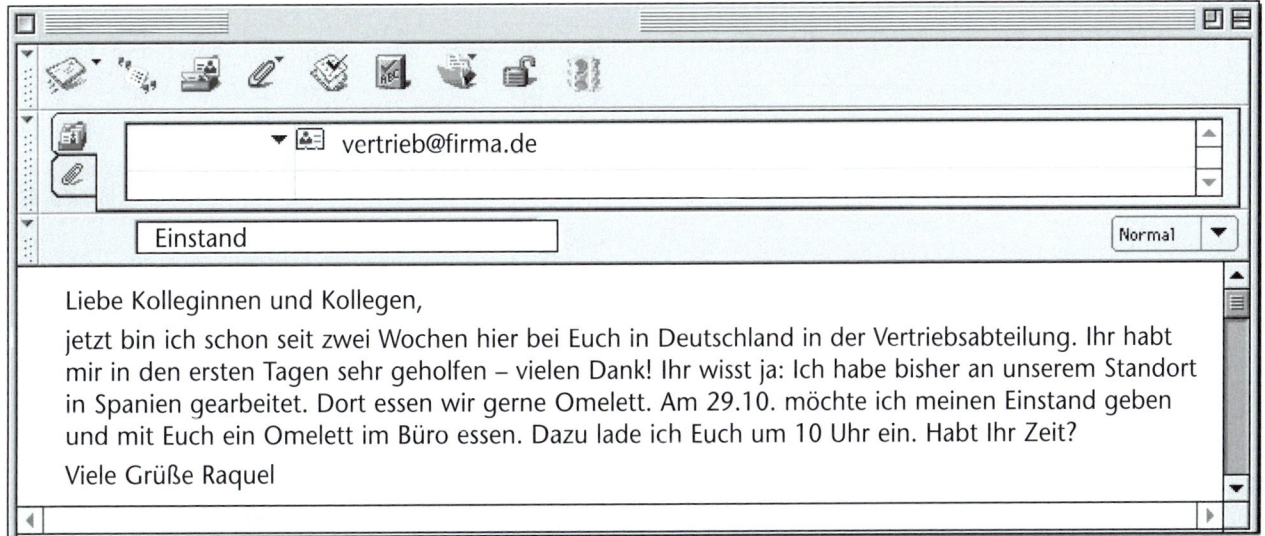

Schritte plus im Beruf

Der Einstand – eine Einladung annehmen / schreiben

a Seit wann arbeitet Raquel in der Vertriebsabteilung in Deutschland?
_____

b Wo hat Raquel vorher gearbeitet?
_____

c Wozu lädt Raquel ihre Kolleginnen und Kollegen ein?
_____

d Wann möchte Raquel ihren Einstand geben?
_____

4 Sie möchten gern mit Raquel ihren Einstand feiern. Schreiben Sie eine Antwort.

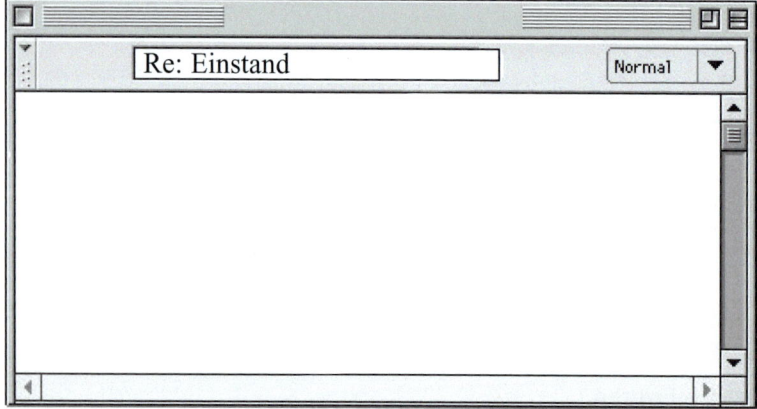

Liebe ...,
vielen Dank für die Einladung zu Deinem ... . /
ich danke Dir für Deine Einladung.
Ich komme gern.
Viele/Herzliche Grüße
...

5 Sie möchten Ihren Einstand geben. Schreiben Sie eine Einladung.

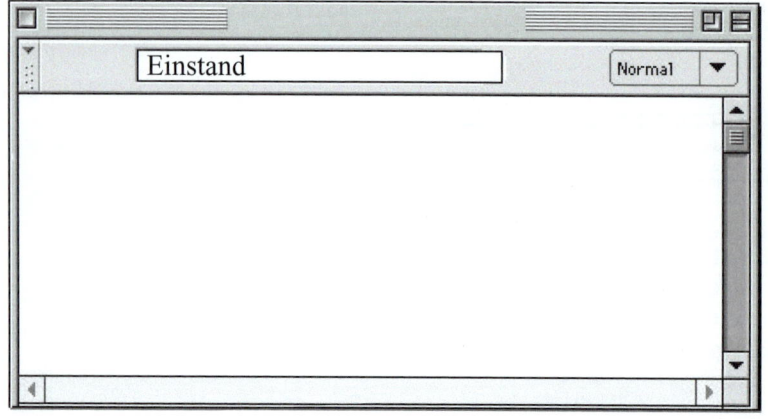

Liebe ...,
ich möchte meinen Einstand geben.
Dazu lade ich Sie / Euch am ... um ... ein.
Können Sie / Könnt Ihr kommen? Haben Sie /
Habt Ihr Zeit?
Viele/Herzliche Grüße
...

Schritte plus im Beruf — Schritte plus 3/1

Einen Personalbogen ausfüllen

1 Markieren Sie die Wörter. Schreiben Sie dann die Sätze. Achten Sie auf die Groß- und Kleinschreibung.

Mein/nameistanettagrabskiichkommeauspolenmeinestaatsangehörigkeitistpolnischichwohneinbonnvon berufbinichbuchhalterinichbingeschiedenundhabezweikinderseiteinemjahrsindwirindeutschlandich sprechepolnischrussischenglischunddeutschichkannmitexcelundwordarbeiten.

Mein Name ist

2 Lesen Sie die Angaben zu den Leuten und ergänzen Sie die Tabelle.

Anetta Grabski, geb. Kopyto –
17. 09. 1970 – ...
(Angaben siehe Aufgabe 1!)

José – Madrid – Spanien –
Kontonummer (Kto) 466398,
Bankleitzahl (BLZ) 72091000,
Sparkasse Augsburg –
Führerscheinprüfung Klasse C

Anna Cinotto – italienisch –
Hauptstraße 22, 4011 Basel –
verheiratet – Stewardess – sehr
gute Kenntnisse in Englisch,
Deutsch und Französisch

Chaled Anwar el Sadin – ledig –
Tel. 089/6788504 – Abitur –
Diplomingenieur – fließend
in Französisch und Englisch

Schritte plus im Beruf

Schritte plus 3/1

Einen Personalbogen ausfüllen

Angaben				
Name				
Vorname (-n)				
Geburtsname				
Geburtsdatum				
Geburtsort				
Kreis, Land				
Staatsangehörigkeit				
Anschrift				
Telefonnummer				
Bankverbindung				
Familienstand				
Schulabschluss				
Berufsbezeichnung				
besondere Kenntnisse / Fähigkeiten				

3 Was wissen Sie über die Personen? Was wissen Sie nicht? Sprechen Sie.

> Also, der Mann auf dem zweiten Foto heißt José. Das ist sein Vorname. Er kommt aus Spanien. José hat bei der Sparkasse Augsburg ein Konto. Seine Kontonummer ist 466398, die Bankleitzahl 72091000. Er hat den Führerschein Klasse C. Seinen Nachnamen kennen wir nicht. Wir wissen auch nicht, was José beruflich macht.

Schritte plus im Beruf — Schritte plus 3/1

Einen Personalbogen ausfüllen

4 Arbeiten Sie mit Ihrer Partnerin / Ihrem Partner. Lesen Sie die Angaben.
Ergänzen Sie dann den Personalbogen von Herrn Kakani.

0151/3759884 (mobil)   19.10.1972   verheiratet   BLZ 760 501 01   Krankenpfleger

Zusatzausbildung in Operationspflege   Mittlere Reife   Rubenstraße 12, 90320 Nürnberg

n.kakani@web.de   Nikos Dimitri Kakani   0911/403877 (priv.), 4038876 (Fax)   griechisch

Athen, Griechenland   Kto 6433928   Griechisch, Englisch, Deutsch   Sparkasse Nürnberg

PERSONALBOGEN

1. Persönliche Angaben

- Familienname
- Vorname(-n) (Rufname unterstrichen)
- Geburtsdatum
- Geburtsort (Stadt, Land)
- Staatsangehörigkeit
- Familienstand

2. Anschrift

- Straße und Hausnummer
- Postleitzahl
- Wohnort
- Telefon privat
- Telefax
- Mobiltelefon
- E-Mail

3. Bankverbindung

- Name des Kreditinstituts / Ort
- Bankleitzahl
- Kontonummer

4. Schulabschluss

5. Beruf

- Berufsbezeichnung
- Besondere Kenntnisse und Fähigkeiten
- Zusatzausbildungen

Schritte plus im Beruf

Schritte plus 3/1

Einen Personalbogen ausfüllen

5 Ergänzen Sie den Personalbogen mit Ihren eigenen Angaben.

PERSONALBOGEN

1. Persönliche Angaben

Familienname	Vorname(-n) (Rufname unterstrichen)
Geburtsdatum	Geburtsort (Stadt, Land)
Staatsangehörigkeit	Familienstand

2. Anschrift

Straße und Hausnummer	
Postleitzahl	Wohnort
Telefon privat	Telefax
Mobiltelefon	E-Mail

3. Bankverbindung

Name des Kreditinstituts / Ort	
Bankleitzahl	Kontonummer

4. Schulabschluss

5. Beruf

Berufsbezeichnung	Besondere Kenntnisse und Fähigkeiten
Zusatzausbildungen	

Kommunikation am Arbeitsplatz · © 2009 Hueber Verlag, Autorin: Brigitte Loibl

Schritte plus im Beruf

Einen Arbeitsauftrag bekommen und darauf reagieren

1 Sehen Sie die Bilder an und ordnen Sie die Wörter zu.

> Brezel • Brot • Brötchen • Butter • Eier • Gabeln • Honig • Joghurt • Kaffee
> Käse • Kuchen • Löffel • Marmelade • Milch • Messer • Obst • Quark • Schüsseln
> Servietten • Tee • Teller • Tischdecke • Wurst • Müsli

Schritte plus im Beruf

Schritte plus 3/2

Einen Arbeitsauftrag bekommen und darauf reagieren

2 Der, das oder die? Ergänzen Sie die Wörter aus 1.

Singular			Plural
der	das	die	die
Honig	Brötchen	Brezel	Eier

Frau Klimt arbeitet in einem Hotel. Sie soll das Frühstücksbuffet für die Gäste vorbereiten. Aber was genau muss sie tun? Frau Sommer erklärt es ihr.

3 Hören Sie das Gespräch. Was muss Frau Klimt machen? Notieren Sie. Track 12

Tischdecke auf den Tisch legen

Teller und Schüsseln vorne links auf das Buffet stellen

Schritte plus im Beruf

Einen Arbeitsauftrag bekommen und darauf reagieren

4 Hören Sie noch einmal. Was kommt wohin? Notieren Sie.

5 Sehen Sie das Bild von Ihrer Partnerin / Ihrem Partner an und sprechen Sie.

▲ Wohin hast du das Brot gestellt?
● Ich habe das Brot neben den Kuchen gestellt.

▲ Und wo steht der Honig?
● Der Honig steht zwischen dem Müsli und der Marmelade.

Schritte plus im Beruf

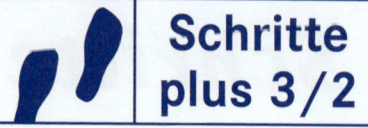

Einen Arbeitsauftrag bekommen und darauf reagieren

6 Lesen Sie die Situationen und spielen Sie die Gespräche. Die Redemittel helfen Ihnen dabei.

a Frau Klimt hat nicht verstanden, was sie mit den Getränken machen soll.
Frau Sommer erklärt es ihr: Zuerst muss sie die Gäste fragen, was sie trinken wollen. Dann muss sie die Getränke an den Tisch bringen.

b Frau Sommer ist nicht sicher: Weiß Frau Klimt, wohin sie Joghurt, Quark und Milch stellen soll? Frau Klimt hat es verstanden: Joghurt, Quark und Milch kommen hinter das Müsli.

c Frau Klimt ist nicht sicher: Was bedeutet „den Kuchen anschneiden"? Sie fragt lieber noch einmal nach. Frau Sommer erklärt es ihr. Jetzt hat Frau Klimt es verstanden.

d Frau Klimt hat einen Vorschlag: Vielleicht könnte man das Obst gleich an den Anfang stellen? Dann sehen es die Gäste gleich. Frau Sommer denkt nach: Vielleicht ist das ja wirklich eine gute Idee?

einen Auftrag verstehen / annehmen	einen Auftrag nicht verstehen	nachfragen	einen Vorschlag machen
Gut, das habe ich verstanden.	Entschuldigung, das habe ich nicht verstanden. Was bedeutet …?	Habe ich das richtig verstanden: Die Teller und Schüsseln stehen …?	Man könnte doch auch …?
In Ordnung, das kann ich (gerne) machen.	Könnten Sie das bitte noch einmal wiederholen?	Also, die Teller stehen links, aber wo … ?	Vielleicht kann man auch …?

7 Kennen Sie weitere Redemittel? Ergänzen Sie. Was ist höflich, was ist unhöflich?

Schritte plus im Beruf

Schritte plus 3/3

Gespräche in der Kantine

1 Was passt: Kantine oder Restaurant? Kreuzen Sie an.

	(die) Kantine	(das) Restaurant
... hat bis ca. 23:00 Uhr geöffnet.		
Hier kann man etwas zu essen kaufen und mitnehmen.		
Hier bedienen Kellner.		
Das Essen ist günstig.		
Es gibt nur ein oder zwei Gerichte zur Auswahl.		
Es gibt eine Speisekarte.		
Sein Essen muss man hier selbst holen.		
In ... geht man an besonderen Tagen.		
... gibt es nur in Betrieben, Firmen und Ämtern.		

2 Was ist noch typisch für eine Kantine / für ein Restaurant? Sprechen Sie.

3 Sehen Sie sich die Bilder an und hören Sie. Welches Gespräch passt zu welchem Bild? Ergänzen Sie. *Track 13*

alle Bilder: © Hueber Verlag

Schritte plus im Beruf

Schritte plus 3/3

Gespräche in der Kantine

Gespräch 1: ☐

- • Was gibt es denn heute zum Mittagessen?
- ▽ Jägerschnitzel oder Forelle Müllerin.
- • Ich nehme das Schnitzel, und du?
- ▽ Das nehme ich auch, und vorher die Tagessuppe.

Gespräch 2: ☐

- • Was darf es für Sie sein?
- ▽ Ich möchte bitte das Tagesmenü eins, also die Tagessuppe und das Jägerschnitzel.
- • Gern. Möchten Sie Nudeln oder Kartoffeln als Beilage?
- ▽ Kartoffeln, bitte, aber keine Soße.
- • Bitte sehr, einmal das Jägerschnitzel ohne Soße, mit Kartoffeln.
- ▽ Danke. Hätten Sie auch noch ein Stück Brot?
- • Ja, hier steht der Brotkorb. Nehmen Sie sich bitte selbst.

Gespräch 3: ☐

- • Einmal Tagesmenü eins und ein kleines Wasser. Das macht 3 Euro 45, bitte.
- ▽ Bitte sehr!
- • 5 Euro, danke! Und 1 Euro 55 zurück.
- ▽ Könnte ich bitte noch etwas Salz und Pfeffer haben?
- • Hier bitte, am Kopfende der Kasse. Bedienen Sie sich!

Gespräch 4: ☐

- • Hallo Frau Körner, guten Appetit.
- ▽ Danke, Herr Heine, Mahlzeit!
- • Ist der Platz hier noch frei?
- ▽ Da sitzt schon Frau Meier. Aber hier ist noch frei.
- • Vielen Dank.

4 Hören Sie die Gespräche noch einmal. Wie heißen die Wörter (a–e) richtig? Was bedeuten die Wörter? *Track 13*

a ätzeJscherling _____

b sgaespTpue _____

c mgTeüsena _____

d igelBea _____

e hzlteaiM! _____

Schritte plus im Beruf

Schritte plus 3/3

Gespräche in der Kantine

5 Rollenspiel: Spielen Sie die Gespräche.

Sie möchten gerne das Tagesmenü II, Forelle Müllerin, aber Sie wissen nicht genau, was das ist. Außerdem nehmen Sie keine Suppe, aber einen kleinen Beilagensalat.	Sie arbeiten an der Essensausgabe. Forelle Müllerin ist ein Fischgericht.
Sie arbeiten an der Kasse. Das Tagesmenü kostet 3 Euro.	Sie möchten bezahlen. Sie haben das Tagesmenü II und ein Getränk genommen und suchen Essig und Öl für Ihren Salat.
Sie möchten sich zu Ihrer Kollegin / Ihrem Kollegen an den Tisch setzen.	Sie sitzen in der Kantine allein an einem Tisch und essen. Alle Plätze sind noch frei.

6 Was ist höflich? Sprechen Sie.

Kann sich ein männlicher Kollege einfach zu einer Kollegin an den Tisch setzen?

Über welche Themen kann man in der Kantine sprechen, über welche Themen spricht man lieber nicht?

Wie ist das in Ihrem Land?

Gibt man in der Kantine Trinkgeld?

Schritte plus im Beruf

Schriftliche Mitteilungen am Arbeitsplatz: Termine bestätigen, absagen und verschieben

1 Kreuzen Sie an: Was für ein Text ist das?

Der Text ist eine Einladung

a ☐ zu einem Mitarbeitergespräch.
b ☐ zu einer Besprechung.
c ☐ zu einer Konferenz.

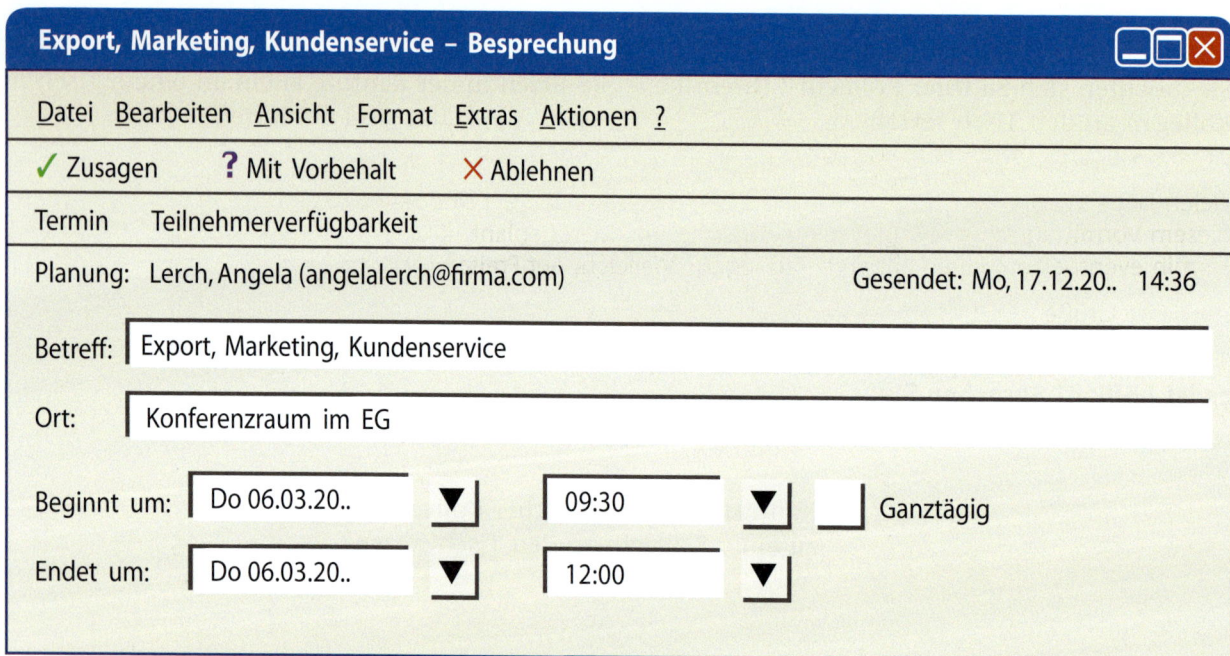

2 Suchen Sie die Informationen und antworten Sie.

a An welchem Tag ist die Besprechung?
b Wann beginnt die Besprechung? Wann endet sie?
c Wo ist die Besprechung?
d Für welche Abteilungen ist die Besprechung?

Schritte plus im Beruf

Schritte plus 3/4

Schriftliche Mitteilungen am Arbeitsplatz: Termine bestätigen, absagen und verschieben

3 Drei Kollegen haben schon per E-Mail auf die Einladung geantwortet.
Lesen Sie die E-Mails und ergänzen Sie die Namen.

Wer ...
a bestätigt den Termin / sagt zu? ✓ _____
b sagt den Termin ab? ✗ _____
c möchte den Termin verschieben? ? _____

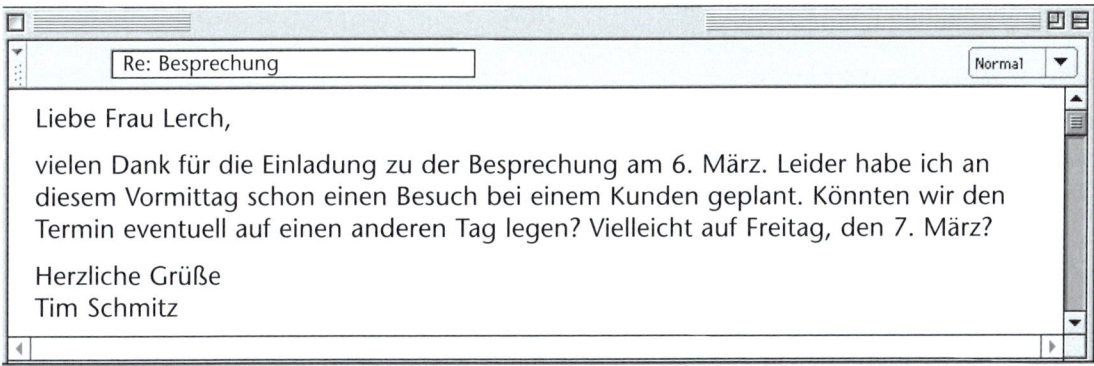

Re: Besprechung

Liebe Frau Lerch,

vielen Dank für die Einladung zu der Besprechung am 6. März. Leider habe ich an diesem Vormittag schon einen Besuch bei einem Kunden geplant. Könnten wir den Termin eventuell auf einen anderen Tag legen? Vielleicht auf Freitag, den 7. März?

Herzliche Grüße
Tim Schmitz

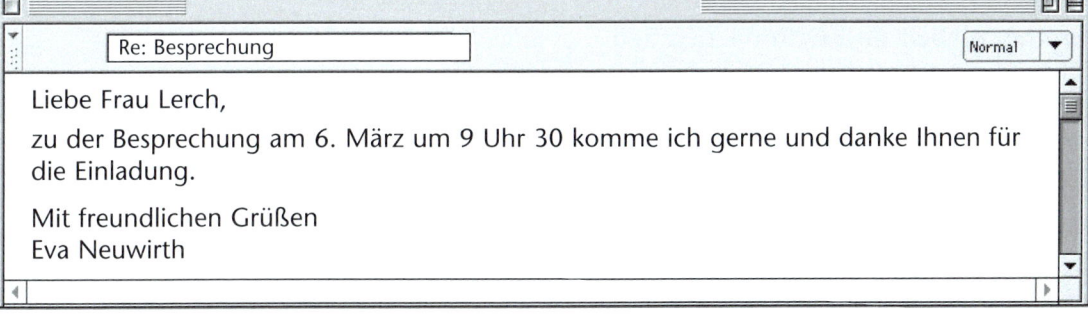

Re: Besprechung

Liebe Frau Lerch,

zu der Besprechung am 6. März um 9 Uhr 30 komme ich gerne und danke Ihnen für die Einladung.

Mit freundlichen Grüßen
Eva Neuwirth

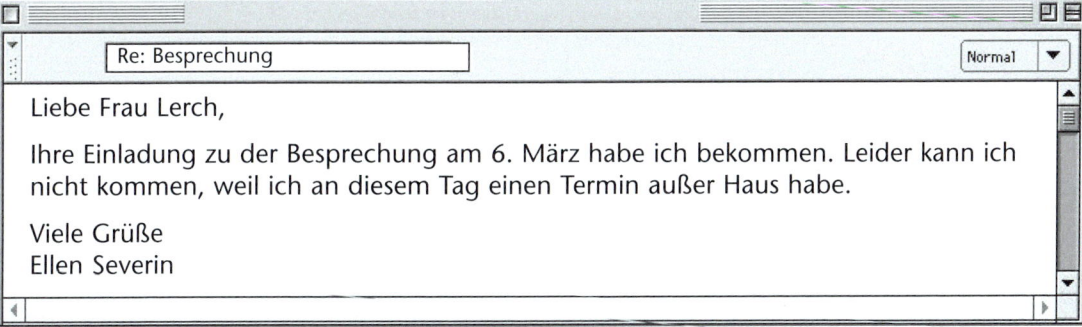

Re: Besprechung

Liebe Frau Lerch,

Ihre Einladung zu der Besprechung am 6. März habe ich bekommen. Leider kann ich nicht kommen, weil ich an diesem Tag einen Termin außer Haus habe.

Viele Grüße
Ellen Severin

Schritte plus im Beruf

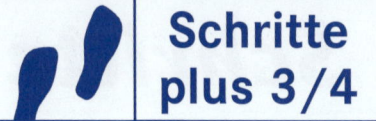

Schriftliche Mitteilungen am Arbeitsplatz: Termine bestätigen, absagen und verschieben

4 Lesen Sie die drei Situationen und schreiben Sie E-Mails. Die Redemittel helfen Ihnen.

a Ihr Chef lädt Sie am 25.4. um 10 Uhr zu einem Mitarbeitergespräch ein.
  Bestätigen Sie den Termin.

b Sie haben morgen eine Team-Besprechung. Leider ist Ihr Kind krank geworden. Sagen Sie ab.

c Ihre Kollegin möchte Sie sprechen und schlägt einen Termin vor. Der Termin passt Ihnen aber nicht.
  Verschieben Sie ihn.

Die Anrede
Liebe Frau …, / Lieber Herr …,
Sehr geehrte Frau …, / Sehr geehrter Herr …,

Einen Termin bestätigen / zusagen
Vielen Dank für … / Haben Sie Dank für … .
Gerne komme ich am … zu … .

Einen Termin absagen und Gründe angeben
Ihre Einladung zu … habe ich bekommen.
Ich kann aber leider nicht kommen, weil … .
Leider muss ich den Termin am … aber absagen, denn … .

Einen Termin verschieben und Gründe angeben
Vielen Dank für die Einladung zu … .
Leider passt mir der Termin nicht. / Leider geht der Termin bei mir nicht, weil … .
Könnten wir den Termin eventuell / vielleicht auf einen anderen Tag / auf nächste Woche verschieben?

Die Grußformel
Viele Grüße
Herzliche Grüße
Mit freundlichen Grüßen

Schritte plus im Beruf

Schriftliche Mitteilungen am Arbeitsplatz: Einen Arbeitsauftrag weitergeben

1 Welcher Text passt zu welchem Bild? Ordnen Sie zu.

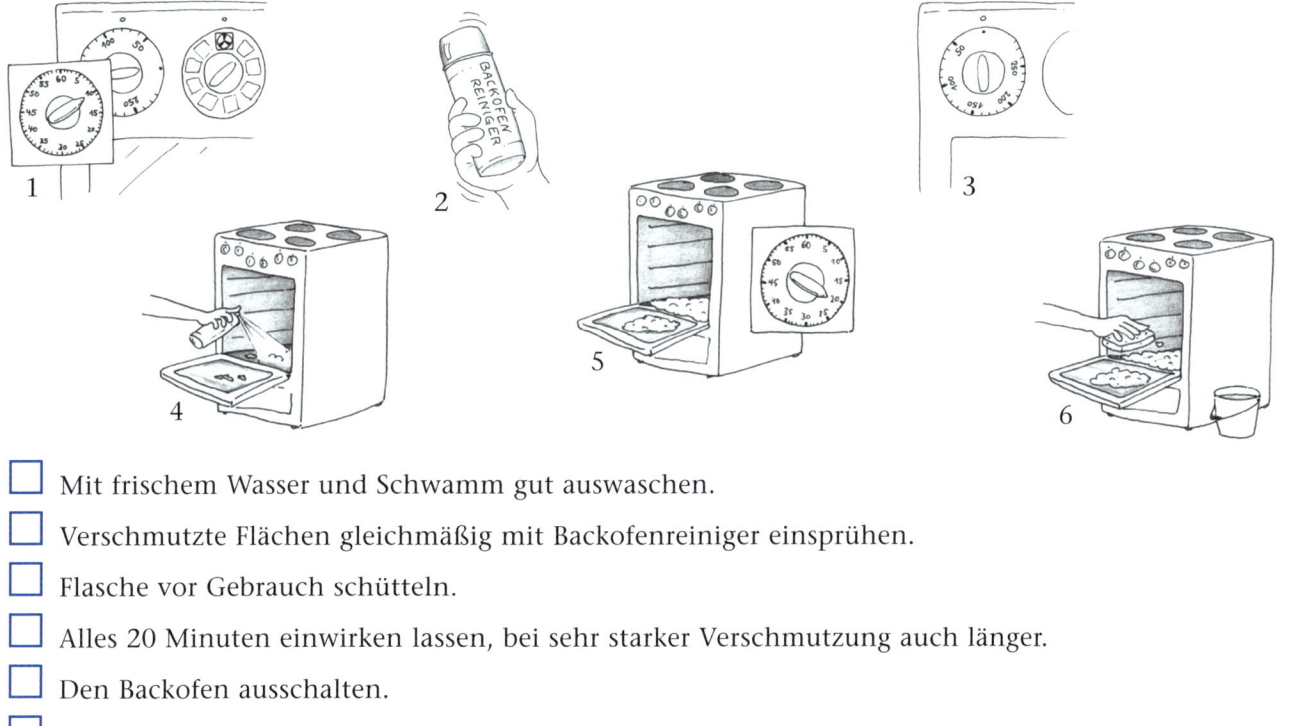

☐ Mit frischem Wasser und Schwamm gut auswaschen.
☐ Verschmutzte Flächen gleichmäßig mit Backofenreiniger einsprühen.
☐ Flasche vor Gebrauch schütteln.
☐ Alles 20 Minuten einwirken lassen, bei sehr starker Verschmutzung auch länger.
☐ Den Backofen ausschalten.
☐ Den Backofen 10 Minuten auf 80° C aufheizen.

Sie möchten heute früher von der Arbeit nach Hause gehen. Ihre Kollegin / Ihr Kollege soll den Backofen für Sie sauber machen. Sie / Er macht das zum ersten Mal.

2 Helfen Sie Ihrer Kollegin / Ihrem Kollegen und schreiben Sie einen Arbeitsauftrag.
Benutzen Sie dabei den Imperativ.

Bitte machen Sie den Backofen sauber!!!

1. _____ Backofen 10 Minuten auf 80°C !
2. _____ die Flasche vor Gebrauch!
3. _____ !
4. _____ !
5. _____ !
6. _____ !

Schritte plus im Beruf — Schritte plus 3/4

Schriftliche Mitteilungen am Arbeitsplatz: Einen Arbeitsauftrag weitergeben

3 Hier gibt es acht Wörter aus Aufgabe 1. Welche? Suchen Sie und markieren Sie.

S	C	H	Ü	T	T	E	L	N	X
C	B	K	R	Z	U	C	K	S	W
H	A	Q	I	K	T	K	V	M	A
W	U	S	P	E	R	G	E	I	G
A	S	F	V	N	S	E	R	B	L
M	S	U	I	A	K	I	S	N	E
M	C	E	D	Ü	X	N	C	U	I
L	H	U	I	H	T	W	H	S	C
W	A	S	S	E	R	I	M	K	H
Q	L	M	Z	U	R	R	U	W	M
L	T	I	T	T	B	K	T	C	Ä
G	E	F	J	Z	O	E	Z	R	ß
U	N	I	E	L	A	N	U	F	I
B	A	C	K	O	F	E	N	O	G
M	R	Z	O	G	P	A	G	F	B

4 Leider gibt es noch mehr Arbeit! Sehen Sie das Bild an und ergänzen Sie die Wörter.

| das Backblech • der Schmutz • das Backgitter |

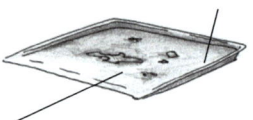 

a Lesen Sie und klären Sie die Wörter. Nummerieren Sie: Was macht man zuerst, was macht man dann?

☐ beides mit klarem Wasser abspülen
☐ Backblech und Backgitter aus dem Ofen nehmen
☐ Schmutz gut abreiben
☐ mit Salz bestreuen
☐ Backblech und Backgitter aus dem Wasser nehmen
☐ beides gut in Wasser einweichen

b Geben Sie eine Arbeitsanweisung dazu. Benutzen Sie dabei die Wörter aus a.

Bitte machen Sie Backblech und Backgitter sauber!!!

1.
2.
3.
4.
5.
6.

Schritte plus im Beruf

Schritte plus 3/5

Über Zuständigkeiten und Abteilungen sprechen

1 *Möbel Hölzer* ist ein kleines, mittelständisches Unternehmen.
Die Firma produziert und verkauft Möbel.

a Wer macht was? Lesen Sie und markieren Sie die Ausdrücke mit Präpositionen.

Frau Hübner **ist für** die finanzielle Seite von *Möbel Hölzer* **verantwortlich.** Sie kontrolliert die Rechnungen und die Ein- und Auszahlungen der Firma.

Herr Jensen **ist für** die Computer bei *Möbel Hölzer* **zuständig.** Er installiert die nötigen PC-Programme und hilft bei technischen Problemen.

Frau Senger kümmert sich um die Löhne und Gehälter der Angestellten. Sie bekommt auch alle Krankmeldungen und notiert die Urlaubszeiten.

Herr Wolters ist für den Verkauf der Möbel zuständig. Er trifft oft Kunden und arbeitet eng mit Frau Weiß zusammen.

Frau Weiß ist für die Werbung verantwortlich. Sie schickt Prospekte an Kunden und organisiert Anzeigen in Zeitungen und Zeitschriften.

Herr Lindemann stellt Möbel aller Art her. Gerade arbeitet er an einem Esstisch.

Frau Westhagen ist für den Einkauf zuständig. Wenn *Möbel Hölzer* Material braucht, telefoniert sie mit den verschiedenen Lieferanten und bestellt es.

Herr Hölzer hat seine Firma vor 30 Jahren gegründet. Als Geschäftsführer ist er für seine Mitarbeiter und die ganze Firma verantwortlich.

b Welche Aufgaben haben die Leute aus Aufgabe a? Benutzen Sie die Fragewörter unten.
Ihre Partnerin / Ihr Partner antwortet.

Wofür ist Frau Hübner verantwortlich / zuständig?   Mit wem …
Worum …   Woran …
An wen …   Wobei …

Schritte plus im Beruf — Schritte plus 3/5

Über Zuständigkeiten und Abteilungen sprechen

c In welcher Abteilung arbeiten die Angestellten der Firma Hölzer? Sprechen Sie.

> Ich glaube / denke,
> Frau Weiß arbeitet im Marketing.
> Frau Hübner arbeitet wahrscheinlich
> in der Buchhaltung.

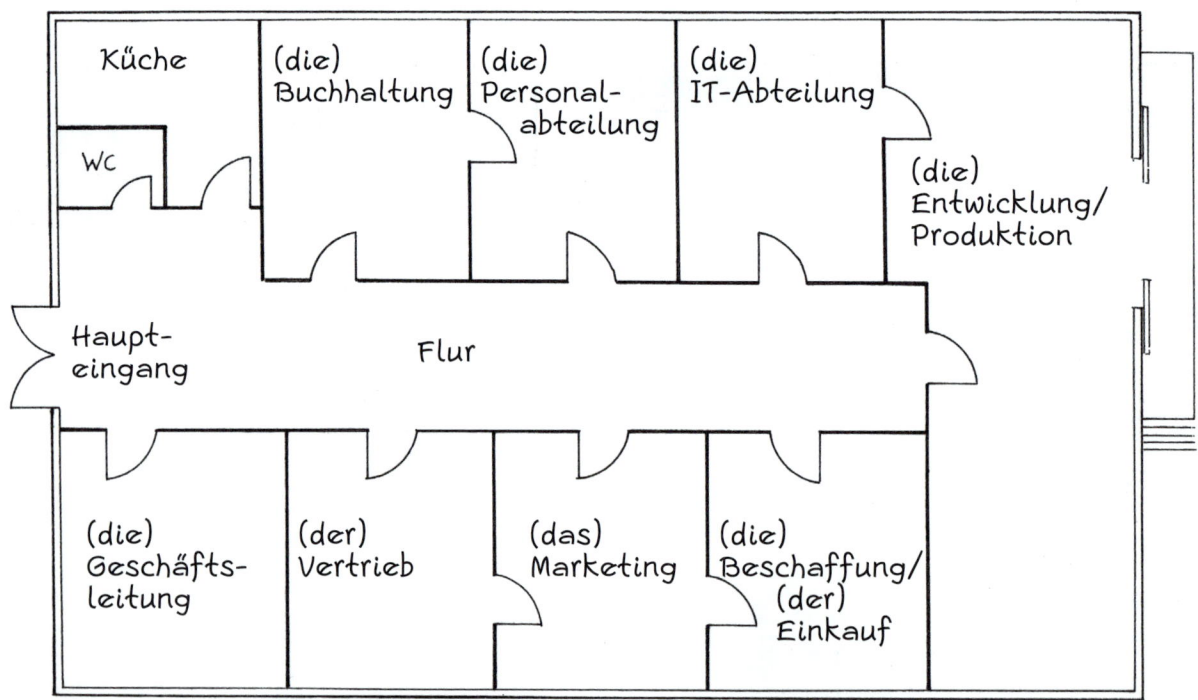

2 Stellen Sie Ihren Betrieb / Ihre Firma vor. Die Redemittel helfen Ihnen dabei.

> Ich arbeite bei … .
> Mein Betrieb / Meine Firma ist in der …-Branche tätig.
> Es ist ein (sehr) kleines / großes / mittelständisches Unternehmen.
> Wir stellen … her. / Wir bieten … an. / Wir verkaufen … .

Schritte plus im Beruf

Schritte plus 3/5

Über Zuständigkeiten und Abteilungen sprechen

3 Welche Abteilungen gibt es bei Ihnen?

a Ergänzen Sie den Grundriss. Arbeiten Sie auch mit dem Wörterbuch.

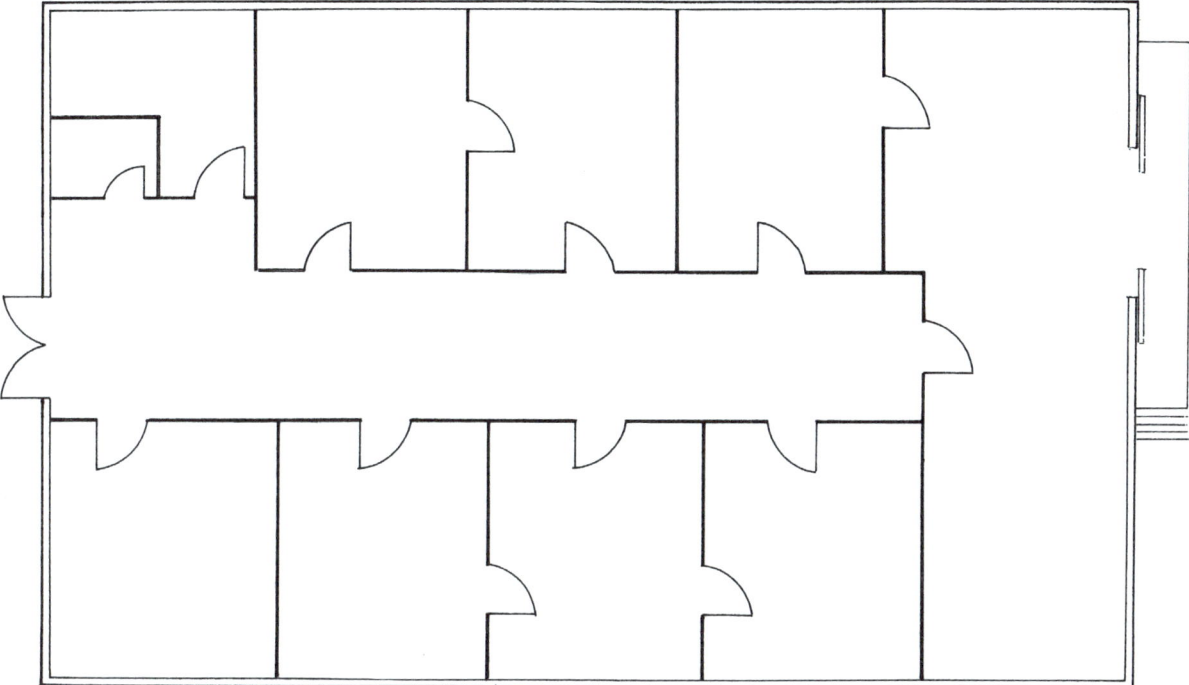

b Wofür sind die einzelnen Abteilungen zuständig? Sprechen Sie.

> ... macht bei uns ...
> ... ist zuständig / verantwortlich für ...
> ... organisiert in unserer Firma ...
> ... hilft bei ...
> ... kümmert sich um ...

c Wofür sind Sie zuständig? Erzählen Sie.

> Ich arbeite in der ...-Abteilung.
> Dort bin ich vor allem für ... zuständig / verantwortlich.
> Für meine Aufgabe als ... muss ich vor allem ... .

Schritte plus im Beruf — Schritte plus 3/6

Eine Agenda verstehen und schreiben

1 Was machen die Leute auf dem Foto? Kreuzen Sie an.

Die Leute
- ☐ sind bei der Berufsberatung.
- ☐ machen zusammen ein Seminar.
- ☐ haben gerade Pause.

a Wer sind die Leute? Ergänzen Sie.

> die Referentin • die Seminarteilnehmerin • der Moderator

b Wer macht was bei einem Seminar? Kreuzen Sie an. (Mehrere Kreuze sind möglich)

	die Referentin / der Referent	die Moderatorin / der Moderator	die Teilnehmerin / der Teilnehmer
die Teilnehmer und die Referenten begrüßen / verabschieden		X	
über ein Thema diskutieren			
einen Vortrag halten			
Fragen stellen			
die Referenten vorstellen			
Ergebnisse zusammenfassen			
Mittag essen			
in das Thema einführen			
Gruppenarbeit machen			
etwas präsentieren			

Schritte plus im Beruf

Schritte plus 3/6

Eine Agenda verstehen und schreiben

2 Frau Steiner hat ein Seminar zum Thema *Effizient arbeiten* organisiert.
Lesen Sie die Agenda und kreuzen Sie an: richtig oder falsch?

AGENDA

Seminar zum Thema *Effizient arbeiten* am 16.10.

Referenten:	Herr Wenders, Frau Heller
Teilnehmer:	alle Mitarbeiterinnen und Mitarbeiter
Moderation:	Frau Steiner
Ort:	Seminarraum A 3

8.00 Uhr	Begrüßung durch Frau Steiner Einführung in das Thema *Effizient arbeiten* Vorstellung der Referenten Herr Wenders und Frau Heller
8.30 Uhr	Vortrag von Herrn Wenders zum Thema: *Das Zeitmanagement: Aktuelle Techniken*
9.15 Uhr	Diskussion mit Herrn Wenders
10.15 Uhr	Kaffeepause
10.45 Uhr	Präsentation von Frau Heller zum Thema: *Das Wichtige zuerst! – Die ABC-Aufgaben-Analyse*
11.30 Uhr	Fragen an Frau Heller
12.15 Uhr	Mittagspause *Mittagessen im Restaurant „Zur Sonne"*
13.15 Uhr	Arbeit in Kleingruppen zum Thema: *Wie plane ich meinen Arbeitstag?*
14.30 Uhr	Vorstellung: Ergebnisse aus der Gruppenarbeit
15.30 Uhr	Zusammenfassung und Verabschiedung durch Frau Steiner
16.00 Uhr	Seminar-Ende

		richtig	falsch
a	Das Seminar findet im Herbst statt.	☐	☐
b	Nur die Mitarbeiterinnen dürfen an dem Seminar teilnehmen.	☐	☐
c	Die Referentin Frau Heller übernimmt den ersten Programmpunkt.	☐	☐
d	Die Teilnehmer können mit Herrn Wenders auch diskutieren.	☐	☐
e	Mittags gehen alle zusammen ins Café.	☐	☐
f	Frau Heller präsentiert ihr Thema vor dem Mittagessen.	☐	☐
g	Am Nachmittag müssen sich die Teilnehmer vorstellen.	☐	☐
h	Die Moderatorin fasst die Ergebnisse vom Seminar zusammen und verabschiedet die Referenten und die Teilnehmer.	☐	☐

Schritte plus im Beruf

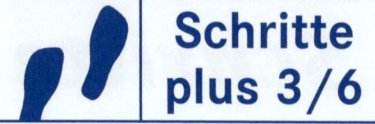

Eine Agenda verstehen und schreiben

3 Lesen Sie die Einladung. Ergänzen Sie dann die Agenda.

EINLADUNG

Liebe Kolleginnen und Kollegen aus dem Vertrieb,

am 16. 1. bieten wir ein Seminar zum Thema „Wie gewinne ich meine Kunden?" an. Dazu möchten wir Sie alle herzlich einladen. Wir beginnen den Vormittag mit einem Vortrag: Frau Hubertus präsentiert „Fragetechniken im Kundengespräch" (Dauer: ca.1 Std.) und beantwortet danach Ihre Fragen.
Nach einer Pause müssen Sie etwas tun: In Kleingruppen beschäftigen Sie sich mit der Frage: „Wer ist mein Kunde eigentlich"? Die Ergebnisse aus dieser Gruppenarbeit stellen Sie nachmittags vor.
Um 14 Uhr 30 endet das Seminar. (So haben Sie an diesem Tag noch Zeit für andere Aufgaben.)
Ich freue mich auf unseren Seminartag!

Herzliche Grüße
Marlies Fuchs
Leitung Vertrieb

P.S. Die Seminar-Moderation ist natürlich meine Aufgabe.

Wann?	Was?	Wer?
09:00 - 09:15	Begrüßung / Einführung in das Thema: *Wie gewinne ich meine Kunden?* Vorstellung: Frau Hubertus	
09:15 - 10:15		Frau Hubertus
10:15 - 10:45		Frau Hubertus und die Teilnehmerinnen und Teilnehmer
10:45 - 11:00	PAUSE	
11:00 - 12:30		
12:30 - 13.30	MITTAGESSEN	alle
13:30 - 14:30		alle Teilnehmerinnen und Teilnehmer
14:30	ENDE	

4 Was für ein Seminar möchten Sie gern machen? Schreiben Sie selbst eine Agenda.

Schritte plus im Beruf

Schritte plus 3/7

Über Gepflogenheiten am Arbeitsplatz sprechen

1 Sehen Sie die Fotos an und ergänzen Sie: Welches Wort passt?

a _____ b _____ c _____

d _____ e _____

> der Betriebsausflug • die Besprechung • die Betriebsversammlung
> die Abschiedsfeier (von den Auszubildenden) • die Geburtstagsfeier

2 Sprechen Sie: Kennen Sie noch andere Anlässe, warum Kollegen in einer Firma zusammenkommen? Wie ist das in Ihrem Land?

3 Sehen Sie die Fotos an und hören Sie die Gespräche. Welches Foto passt zu welchem Gespräch? Track 14
Ergänzen Sie.

a Gespräch ☐   b Gespräch ☐   c Gespräch ☐

Schritte plus im Beruf

Schritte plus 3/7

Über Gepflogenheiten am Arbeitsplatz sprechen

4 Hören Sie die Gespräche noch einmal. Kreuzen Sie an: richtig oder falsch? Track 14

	richtig	falsch
a Herr Nemec arbeitet seit fünfzig Jahren in der Firma und macht deshalb eine Feier.	☐	☐
b Eine Kollegin sammelt Geld für ein Geschenk.	☐	☐
c Herr Nemec hat sich einen Gutschein gewünscht.	☐	☐
d Herr Nemec isst keine Pralinen.	☐	☐
e Herr Nemec hat für seine Kollegen ein Buffet vorbereitet.	☐	☐

5 Ergänzen Sie die Gespräche. Lesen Sie die Gespräche dann noch einmal mit Ihrer Partnerin / Ihrem Partner.

a

> Bücher-Gutschein • in Ordnung • ich sammle für ein Geschenk • Selbstverständlich
> Vielen Dank • Jubiläum

- ◆ Frau Kunze, _____ für Herrn Schwarz. Er hat sein 30-jähriges _____ in der Firma. Möchten Sie auch etwas dazu geben?
- ■ _____! Wie viel soll ich denn geben?
- ◆ Das ist egal. Geben Sie so viel, wie Sie möchten.
- ■ Gut, dann gebe ich Ihnen drei Euro. Ist das _____?
- ◆ Aber ja, natürlich. _____.
- ■ Was schenken wir Herrn Schwarz denn?
- ◆ Er hat sich einen _____ gewünscht.
- ■ Schön!

b

> Herzlichen Glückwunsch • gratulieren Ihnen herzlich zu Ihrer Hochzeit • Kochbuch
> das ist aber sehr nett • Kleinigkeit • Das Kuchen-Buffet ist eröffnet.

- ● Liebe Frau Korkmaz, wir alle _____!
- ▼ Danke, _____.
- ● Wir haben auch gesammelt und möchten Ihnen gerne eine _____ schenken. Bitte sehr!
- ▼ Ach, das ist doch nicht nötig gewesen. So ein schönes _____. Ich danke Ihnen wirklich sehr.
- ▲ Von mir auch: _____!
- ▼ Ja, danke! Nun aber, liebe Kolleginnen und Kollegen, greifen Sie zu. _____.

Schritte plus im Beruf

Schritte plus 3/7

Über Gepflogenheiten am Arbeitsplatz sprechen

6 Was ist üblich? Arbeiten Sie mit Ihrer Partnerin / Ihrem Partner und fragen Sie nach. Die Redemittel helfen Ihnen dabei.

Ist es hier üblich, dass man seinen Geburtstag feiert?

Entschuldigen Sie, kann ich Sie mal etwas fragen?
Ist es hier üblich, dass ...?
Was mache ich, wenn ...?
Wie machen Sie es normalerweise hier?
Ich bin nicht sicher: ...?

a Sie wissen nicht, wie viel Geld Sie für das Geschenk für den Kollegen geben sollen.
b Sie haben Geburtstag. Sollen Sie den Kollegen Kuchen oder etwas anderes mitbringen?
c Feiert man seinen Geburtstag und lädt man die Kollegen zu sich nach Hause ein?
d Trinkt man in der Firma / im Betrieb bei den Feiern Alkohol?
e Lädt man immer alle Kolleginnen und Kollegen ein?
f Wann feiert man am besten? Mittags oder nach der Arbeit?

7 Lesen Sie zuerst die Texte und klären Sie die Wörter. Spielen Sie mit Ihrer Partnerin / Ihrem Partner die Gespräche.

a

Sie sind neu in der Firma und haben bald Geburtstag. Sie wissen nicht, was üblich ist.

Sie erklären Ihrer Kollegin/Ihrem Kollegen, dass in der Firma jeder seinen Geburtstag feiert. Man lädt alle Kollegen aus der Abteilung ein und gibt eine Kleinigkeit aus.

b

In Ihrer Firma feiert man Fasching. Sie haben dazu eine Einladung bekommen. Sie wissen nicht: Muss man sich verkleiden? Was passiert auf der Feier?

Sie erklären Ihrer Kollegin/Ihrem Kollegen, dass die Faschingsfeier jedes Jahr am Faschingsdienstag am späten Vormittag stattfindet. Man muss sich nicht verkleiden, weil am Morgen ja noch alle arbeiten. Es gibt Kaffee und Krapfen und jeder bringt Luftballons und Konfetti mit.

c

Sie haben eine Einladung zur Betriebsversammlung bekommen. Sie wissen nicht, was das ist: eine Feier oder eine Sitzung? Was ist Ihre Aufgabe? Wie sollen Sie sich verhalten?

Sie sind Betriebsrat und organisieren die Betriebsversammlungen. Dort spricht man über alles, was für die Mitarbeiter wichtig ist: zum Beispiel über Einstellungen und Kündigungen, Löhne und Gehälter und Arbeitsschutz. Die Kollegen können Fragen stellen und ihre Meinung sagen. Der Betriebsrat schreibt die Gespräche <u>nicht</u> auf.

Schritte plus im Beruf

Schritte plus 4/8

Mit Kollegen Small Talk machen

1 Wenn Sie das Wort *Small Talk* hören: Woran denken Sie? Sammeln Sie Ideen.

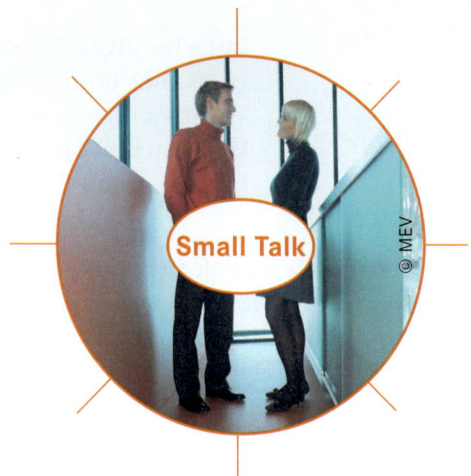

2 Hören Sie die drei Gespräche. Worüber sprechen die Leute? Kreuzen Sie an.

Die Leute sprechen über

- ☐ das Essen.
- ☐ den Urlaub.
- ☐ das Wetter.
- ☐ die Familie.
- ☐ Probleme in der Arbeit.
- ☐ Sport.
- ☐ Politik.
- ☐ die Gesundheit.
- ☐ andere Kollegen.
- ☐ das Wochenende.

a Was für Pläne haben die Leute?

Frau Haas:
Herr Gernhardt:
Herr Meder und Herr Vial:

b Welche Themen aus 2 sind gute Small Talk-Themen? Welche nicht? Sprechen Sie.

3 Lesen Sie die Gespräche und ergänzen Sie. Hören Sie die Gespräche dann zur Kontrolle noch einmal.

> Hm ... • Na dann wünsche ich Ihnen eine schöne Zeit und gute Erholung!
> Ach ... • Wollten Sie nicht ins Stadion gehen und ... • Haben Sie denn Pläne?
> Was denken Sie: Eigentlich könnten wir das nächste Mal zusammen gehen, oder?
> Ich habe gehört, Sie ... • Oh ja ... • Frohes Schaffen also! • Wie geht's?
> Wohin fahren Sie denn? • Na dann viel Spaß und schönes Wochenende! • Ah ...

Schritte plus im Beruf

Mit Kollegen Small Talk machen

Gespräch 1:

Frau Haas: Hallo Herr Franke!

Herr Franke: Hallo Frau Haas! _____?

Frau Haas: Danke, am Freitag geht's mir immer gut, so kurz vorm Wochenende ...

Herr Franke: _____, das verstehe ich. _____?

Frau Haas: Ja, morgen geht es erst einmal auf alle Fälle auf den Flohmarkt am Arnulfpark.

Herr Franke: _____, sehr schön. _____!

Frau Haas: Danke gleichfalls!

Gespräch 2:

Frau Miller: Hallo, Herr Gernhardt! _____
sind ab morgen in Urlaub. _____?

Herr Gernhardt: Tag, Frau Miller. Tja, dieses Jahr machen wir Urlaub auf Balkonien. ...
Sagt Ihnen das was?

Frau Miller: Nein, ehrlich gesagt nicht. ... _____ ...

Herr Gernhardt: Tja, da müssen Sie sich einmal erkundigen, Frau Miller.
Es gibt nichts Besseres und Billigeres als Urlaub auf Balkonien ...

Frau Miller: ... _____, jetzt verstehe ich ...! _____
_____!

Gespräch 3:

Herr Meder: Hallo, Herr Vial! Sagen Sie: _____
_____ das Fußballspiel Hamburg gegen Mailand ansehen?

Herr Vial: Ja, das stimmt. War ein tolles Spiel! Waren Sie denn auch da?

Herr Meder: Klar! ... _____
_____?

Herr Vial: Gute Idee, einverstanden. Ich freue mich!

Herr Meder: Ich mich auch. Aber jetzt geht's erst einmal wieder an die Arbeit ...

Herr Vial: Genau! _____!

Schritte plus im Beruf

Mit Kollegen Small Talk machen

4 Wählen Sie eine Situation aus und machen Sie mit Ihrer Partnerin / Ihrem Partner Small Talk. Die Redemittel unten helfen Ihnen.

> Sie haben Ihre Kollegin / Ihren Kollegen zwei Wochen nicht gesehen, denn sie / er hatte Urlaub.

> Sie sitzen in der Kantine neben einer Kollegin / einem Kollegen. Sie haben sie / ihn schon gesehen, wollen sie / ihn aber gern näher kennenlernen.

> Ihre Kollegin / Ihr Kollege will in der Mittagspause spazieren gehen. Sie möchten gerne mitgehen.

einen Small Talk beginnen	Interesse zeigen	einen Small Talk beenden
Wie geht es (Ihnen) denn? / Und: Wie läuft es denn so? Wie war es? Wollten Sie nicht …? Ich habe gehört, (dass) Sie … Haben Sie (denn) schon Pläne? Darf ich fragen, wie Sie heißen? / Entschuldigen Sie: Sind Sie nicht …? Arbeiten Sie nicht für …?	Ach! Oh (ja)! Ah! Hm … Richtig!	Na dann, alles Gute! Dann wünsche ich Ihnen einen schönen Tag / eine schöne Zeit / ein schönes Wochenende / einen schönen Urlaub / gute Erholung! Also dann: frohes Schaffen! Es freut mich, dass ich Sie (endlich einmal persönlich) kennengelernt habe.

Schritte plus im Beruf

Schritte plus 4/9

Über Waren mündlich Auskunft geben

1 Was kann man in einem Baumarkt alles kaufen? Sehen Sie Fotos an und sammeln Sie in der Gruppe.

Schlagbohrmaschine „E-SB 550 E" 7656114
- Leistung: 550 Watt
- max. Schlagzahl: 43.200 min⁻¹
- max. Bohr-Ø (Holz/Beton/Stahl): 25/13/10 mm
- Gewicht: 1,9 kg

19,95

Blumenkelle
- stabile Ausführung
- Holzgriff mit handsympathischer Einlage
7605501

Garantie 10 Jahre, Years

4,25

3,65

Spezial Lackierpinsel
- für Acryllacke
- 50 mm
2520709

Stahlnägel
- gebläut
- mit Messing-Kopf
- 2,0 x 25 mm
- 20 Stück im Pack
7170781
entspr. 150.00/kg
lose je kg: 149.00 Pack **1,95**

Glühlampen
- E27/11, 15 od. 20 W
- Lebensdauer 8000 h
- Lichtfarbe: warmweiß 2700 K
5241662/66/70

5,95

Zubehör

HORNBACH
Genau mein Farbton
- gefühlvoll-gelb, gemütlich
- eine Auswahl von Farbideen für wohnliche Akzente
entspr. 7.98/l
7481270
2,5 l **19,95**

Kettensäge
▶ inkl. Schutzbrille u. Gehörschutz

RYOBI
149,-
„PCN 3335-Set"
- 1,5 kW (2 PS), 33 cm³
- Schwertlänge 35 cm
- Gewicht 5,4 kg 7579235

Spanplattenschrauben
- Edelstahl, Senkkopf
- 4 x 25 mm
- 200 Stück
lose je 35.30/kg
entspr. 30.17/kg
3834841 Pack **8,75**

Pendelleuchte „Antwerpen"
- Eisen, Glas weiß
- 5 x G4, 20 Watt
- inkl. Leuchtmittel
7404580

59,95

Blumenzwiebel-Pflanzkorb-Set
- zur Abwehr von Mäusebiss
- verschiedene Größen erhältlich
- 3 Stück im Pack
z. B. Ø 22 cm
7310086

1,39

© Hornbach

2 Lesen Sie die Anzeigen aus 1. Ordnen Sie die Waren den Abteilungen zu und ergänzen Sie die Tabelle.

Abteilung	Produktname	Mengenangabe	Preis
Eisenwaren			
Werkzeug			
Farben und Tapeten			
Gartenbedarf			
Beleuchtung			

Schritte plus im Beruf

Schritte plus 4/9

Über Waren mündlich Auskunft geben

3 Hören Sie und ergänzen Sie: Was möchten die Kunden? *Track 16-18*

Gespräch ☐ : etwas bestellen / eine Bestellung aufgeben.
Gespräch ☐ : reklamieren.
Gespräch ☐ : eine Auskunft.

© OBI Baumarkt

4 Hören Sie die Gespräche noch einmal. Arbeiten Sie mit Ihrer Partnerin / Ihrem Partner und antworten Sie. *Track 16-18*

Gespräch 1: Was sucht der Kunde? Was vereinbaren Frau Eber und Herr Meier?
Gespräch 2: Was möchte Frau Meise? Was muss Frau Eber machen? Was vereinbaren Frau Eber und Frau Meise?
Gespräch 3: Was hat Herr Knote gekauft? Warum ist er nicht zufrieden? Was vereinbaren Frau Eber und Herr Knote?

5 Machen Sie Rollenspiele. Die Redemittel helfen Ihnen dabei.

Kundin/Kunde:	Verkäufer/in:
Sie haben in einem Prospekt gelesen, dass es Glühlampen im Angebot gibt. Sie möchten wissen: Welche Farbe hat das Licht? Weiß oder gelblich?	Die Glühlampen im Angebot haben weißes Licht. Es gibt aber natürlich auch Glühlampen mit gelblichem Licht. Die kosten nur ein bisschen mehr.
Sie haben vor einem halben Jahr grüne Wandfarbe gekauft. Die Artikelnummer haben Sie noch. Jetzt möchten Sie dieselbe Farbe wieder: Gibt es die noch? Was kostet ein Fünf-Liter-Eimer? Sie möchten zwei Eimer bestellen.	Sie fragen nach der Artikelnummer. Der Kunde muss ein bisschen warten, weil Sie in der Abteilung nachfragen müssen. Die Wandfarbe gibt es noch. Fünf Liter kosten 25,99 Euro. Sie nehmen die Bestellung auf.
Sie haben vor zwei Monaten eine Kettensäge gekauft. Die Rechnung dafür haben Sie noch. Jetzt aber funktioniert die Säge nicht mehr. Sie möchten deshalb eine neue Säge bekommen. Weil Sie gerade damit arbeiten, brauchen Sie die Säge gleich.	Die Kettensäge war im Sonderangebot. Der Kunde kann sie nicht umtauschen. Aber er kann sie zur kostenlosen Reparatur einschicken. Das dauert drei Wochen.

Schritte plus im Beruf

Über Waren mündlich Auskunft geben

Kunden begrüßen und Hilfe anbieten
Guten Tag, Sie sprechen mit … .
Was kann ich für Sie tun?
Guten Tag, mein Name ist … .
Womit kann ich Ihnen behilflich sein?

Eine Bestellung aufnehmen
Möchten Sie die Ware bestellen?
Soll ich Ihnen die Ware zurücklegen?
Auf welchen Namen soll ich die Ware bestellen / zurücklegen?
Die Ware … liegt dann für Sie zur Abholung bereit. / Sie können die Ware dann in der …-Abteilung abholen.

Sich entschuldigen
Das tut mir wirklich sehr leid!
Entschuldigen Sie (diesen Fehler / dieses Versehen) bitte vielmals!

Auskunft geben
Die Ware haben wir noch / leider nicht mehr vorrätig.
Selbstverständlich gibt es … bei uns. / Leider ist / sind … schon ausverkauft.
Ja, … gibt es in verschiedenen Größen und Preisklassen.

Nachfragen
Einen Moment / Augenblick bitte, da muss ich erst nachfragen / nachsehen!
Hallo, sind Sie noch dran?
Hören Sie, … .

Sich verabschieden
Gern geschehen. Auf Wiederhören.
Vielen Dank für die Bestellung / Ihr Verständnis. Auf Wiederhören!

Schritte plus im Beruf

Wichtige Wörter und Wendungen für Geschäftsbriefe

1 Wie nennt man solche Texte? Lesen Sie und ergänzen Sie.

> (die) Kündigung • (die) Anfrage • (die) Absage • ~~(das) Anschreiben~~
> (die) Adressänderung • (das) Angebot

a _(das) Anschreiben_

Sehr geehrte Frau Storch,

mit großem Interesse habe ich Ihr Stellenangebot in den *Neuen Nachrichten* gelesen.

Die Stelle interessiert mich sehr, da[1] ich in zwei Monaten meine Ausbildung zur Friseurin abschließe und gerne in Ihren Salon wechseln würde.

Wenn Sie einen ersten Eindruck von mir bekommen möchten, finden Sie beiliegend meinen Lebenslauf und meine Zeugnisse.

Über eine Einladung zu einem Vorstellungsgespräch würde ich mich sehr freuen.

Mit freundlichen Grüßen

Friederike Lanz

Lebenslauf
Zeugnisse

---

b _____

Sehr geehrter Herr Mellen,

hiermit möchte ich Ihnen mitteilen, dass ich umgezogen bin. Meine neue Adresse lautet:

Julia König
Mozartstraße 4
41061 Mönchengladbach

Die Telefonnummer ist gleich geblieben.

Mit freundlichen Grüßen

Julia König

---

[1] *da* ich ...: *weil* ich ... . *Da* benutzt man in Briefen oder anderen offiziellen Schreiben öfter als *weil*.

Schritte plus im Beruf

Schritte plus 4/10

Wichtige Wörter und Wendungen für Geschäftsbriefe

c _____

> Sehr geehrte Damen und Herren,
>
> im *Neustädter Anzeiger* habe ich gelesen, dass Sie Computerkurse für Anfänger anbieten.
>
> Da ich leider bislang nur geringe PC-Kenntnisse habe, bitte ich Sie um Zusendung des aktuellen Kursangebots.
>
> Vielen Dank im Voraus.
>
> Katrin Limbert

d _____

> Sehr geehrte Frau Loos,
>
> vielen Dank für Ihre Bewerbung. Leider müssen wir Ihnen mitteilen, dass wir uns doch für einen anderen Bewerber entschieden haben.
>
> Mit freundlichen Grüßen
>
> Martina Huber

e _____

> Sehr geehrter Herr Kolb,
>
> hiermit möchte ich mein Arbeitsverhältnis vom 1.12.2006 fristgerecht[2] zum 1.3.20.. kündigen.
>
> Mit freundlichen Grüßen
>
> Peter Sander

f _____

> Sehr geehrte Frau Meckel,
>
> in der Anlage erhalten Sie heute unser Angebot für die Arbeiten in Ihrem Garten. Schicken Sie das Angebot bitte unterschrieben an uns zurück, wenn Sie uns mit den Arbeiten beauftragen[3] wollen.
>
> Das vorliegende Angebot gilt bis März diesen Jahres.
>
> Mit freundlichen Grüßen
>
> Erik Keller

---

2 fristgerecht: zum richtigen Zeitpunkt. Wenn man in einer Firma aufhören möchte zu arbeiten, muss man z.B. drei Monate vorher kündigen. Das nennt man dann *fristgerecht*. Kündigungen müssen schriftlich erfolgen. Die Kündigungsfristen stehen im Arbeitsvertrag.
3 Eine Person / Eine Firma mit etwas beauftragen: Eine Firma soll eine Arbeit oder eine Aufgabe erledigen und wird dafür bezahlt.

Schritte plus im Beruf

Wichtige Wörter und Wendungen für Geschäftsbriefe

2 Welche Ausdrücke bedeuten dasselbe? Ergänzen Sie.

a hiermit möchte ich Ihnen mitteilen, dass … ☐ Für … bedanke ich mich jetzt schon.

b in der Anlage erhalten Sie … ☐ Haben Sie Dank für Ihre Bewerbung.

c Ich bitte Sie um Zusendung Ihres / Ihrer … [b] anbei / beiliegend bekommen Sie …

d Vielen Dank für Ihre Bewerbung. ☐ mit diesem Schreiben teile ich Ihnen mit, dass …

e Schicken Sie das Angebot bitte unterschrieben an uns zurück. ☐ Es tut uns leid, aber wir …

f Vielen Dank im Voraus. ☐ Bitte unterschreiben Sie das Angebot und schicken Sie es an uns zurück.

g Leider müssen wir Ihnen mitteilen, dass … ☐ Bitte senden Sie mir mehr / weitere … zu.

3 Machen Sie es besser! Arbeiten Sie mit Ihrer Partnerin / Ihrem Partner. Wählen Sie einen oder zwei Texte und schreiben Sie diesen / diese neu. Die Redemittel helfen Ihnen dabei.

a Anfrage

Sehr geehrte Frau, sehr geehrter Herr,

bieten Sie Power-Point-Kurse an?
Ich brauche Informationen.

Peter Stern

b Absage

Hallo Herr Hinrichs,

wir müssen Ihnen absagen. Es gibt bessere Angebote.

MfG

Sabine Müller

Schritte plus im Beruf

Schritte plus 4/10

Wichtige Wörter und Wendungen für Geschäftsbriefe

---

c Anschreiben

Liebe Frau Tregler,

Sie suchen einen Mitarbeiter für Ihr Lebensmittelgeschäft? Ich bin genau der Richtige für Sie und bitte um Einladung zum Vorstellungsgespräch!

Bis (hoffentlich) bald,

Ihr Hannes Beck

Anfrage
Sehr geehrte Damen und Herren,
da ich mich für … interessiere, bitte ich Sie um Zusendung … .
in / im … habe ich gehört / gelesen, dass Sie … anbieten.
Könnten Sie mir bitte … senden?

Absage
Sehr geehrter Herr …,
vielen Dank für … . / haben Sie Dank für … .
Leider müssen wir Ihnen mitteilen, dass wir uns für einen anderen Anbieter / ein anderes Produkt / … / eine andere … entschieden haben.
Es tut uns leid, aber wir … . / Da wir …, müssen wir Ihnen leider absagen.

Anschreiben
Sehr geehrte Frau …,
mit großem Interesse habe ich Ihre Anzeige in … gelesen.
Hiermit möchte ich mich als … in Ihrem Haus bewerben.
Da ich … , möchte ich mich auf die Stelle als … bewerben.
Anbei / Beiliegend / In der Anlage erhalten Sie / schicke ich Ihnen … .
So können Sie sich ein erstes Bild von mir machen / einen ersten Eindruck von mir gewinnen.
Über eine Einladung zu einem Vorstellungsgespräch freue ich mich / würde ich mich sehr freuen.

Mit freundlichen Grüßen

4 Arbeiten Sie in der Kleingruppe:
   Wählen Sie eine Situation aus und schreiben Sie eine E-Mail bzw. einen Brief.

Sie interessieren sich sehr für ein gebrauchtes Auto. Leider haben Sie aber gerade nicht genug Geld. Schreiben Sie dem Verkäufer eine E-Mail und machen Sie ihm ein Angebot.

Sie sind Mitglied in einem Tanzstudio. Weil …, möchten Sie Ihre Mitgliedschaft kündigen.

Schritte plus im Beruf

Schritte plus 4 / 11

Mit Kollegen Absprachen treffen

1 Was passt? Ergänzen Sie.

> die Fertigung • die Qualitätssicherung • die Zulieferfirma / der Zulieferer

a Eine Firma stellt ein Produkt her. Dafür braucht sie bestimmte (Bau-)Teile. Diese werden von einer anderen Firma produziert und geliefert. _____

b Hier werden Produkte und Waren produziert, hergestellt bzw. gefertigt. _____

c Funktioniert ein Produkt richtig und fehlerfrei? Stimmt die Qualität? Das wird hier kontrolliert und sichergestellt. _____

2 Herr Breitenbach und Herr Lindner müssen eine kurze Dienstreise machen. Hören Sie das Telefongespräch. Was ist richtig? Kreuzen Sie an. *Track 19*

1 Herr Breitenbach und Herr Lindner sprechen über ihre Dienstreise.
   a ☐ Die beiden machen die Dienstreise zu zweit.
   b ☐ Die beiden nehmen noch einen anderen Kollegen mit.

2 Weil es dort Probleme gibt,
   a ☐ möchte Herr Breitenbach die Abteilung für Qualitätssicherung besuchen.
   b ☐ möchte Herr Breitenbach zwei Zulieferfirmen besuchen.

3 Herr Breitenbach vereinbart mit Herrn Lindner, dass
   a ☐ sie sich im Büro treffen und dann zusammen losfahren.
   b ☐ sie sich im Büro treffen und dann in die Abteilung für Qualitätssicherung gehen.

4 Die Autobahn ist gesperrt.
   a ☐ Deshalb müssen Herr Breitenbach und seine Kollegen die Bundesstraße nehmen.
   b ☐ Deshalb müssen Herr Breitenbach und seine Kollegen schon um 8 Uhr losfahren.

Schritte plus im Beruf

Mit Kollegen Absprachen treffen

3 Wie muss Herr Breitenbach zu den Zulieferfirmen fahren?
Hören Sie das Gespräch noch einmal und markieren Sie.

4 Herr Lindner ruft Herrn Wagner an und spricht mit ihm über die Dienstreise.
Spielen Sie das Telefongespräch.

Hallo Herr Wagner, hier spricht …
Sie wissen sicher schon, dass wir morgen …
Also, Herr Breitenbach und ich …
Dann fahren wir zu …
Leider müssen wir …
Bis morgen dann!

5 Sind Sie manchmal dienstlich unterwegs? Erzählen Sie.

Schritte plus im Beruf

Seinen Urlaub beantragen und eine Abwesenheitsnotiz schreiben

1 Sie möchten in Urlaub gehen. Was müssen Sie davor erledigen? Sprechen Sie im Kurs.

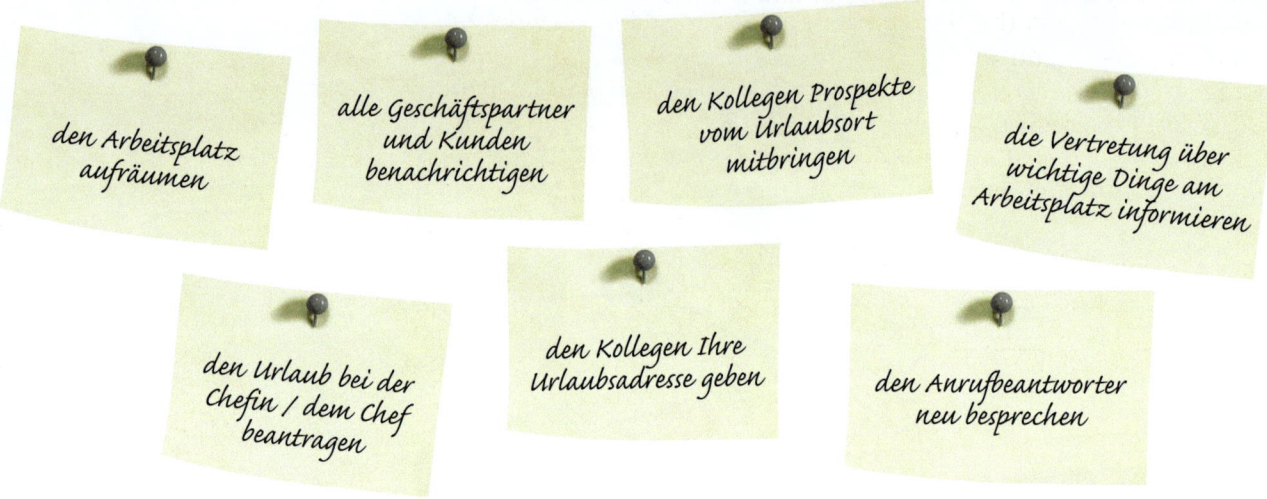

Arbeitszeiten und Urlaubstage sind tariflich festgelegt. Wenn man Urlaub nehmen oder Überstunden abbauen möchte, muss man das vorher mit seiner Chefin / seinem Chef besprechen und Urlaub oder Freizeitausgleich beantragen.

2 Sehen Sie den Antrag an und ordnen Sie zu: Welche Erklärung passt zu welchem Begriff? Arbeiten Sie auch mit dem Wörterbuch.

Antrag   **Urlaub / Freizeitausgleich**

Personal-Nr.: ....   Name, Vorname: ....

☐ Ich beantrage Urlaub   ☐ Ich beantrage Freizeitausgleich für meine Überstunden

vom: ....   vom: ....
bis: ....   bis: ....

Ort, Datum: ....   Unterschrift: ....

Nur vom Arbeitgeber auszufüllen!

☐ Urlaub / Freizeitausgleich genehmigt   vom: ....   bis: ....
☐ Urlaub / Freizeitausgleich abgelehnt:
1. aus dringenden betrieblichen Gründen
2. weil nicht genügend Urlaubstage / Stunden auf dem Arbeitszeitkonto zur Verfügung stehen

mündlich / schriftlich mitgeteilt am: ....   Unterschrift: ....

Schritte plus im Beruf

Seinen Urlaub beantragen und eine Abwesenheitsnotiz schreiben

a (der) Freizeitausgleich
b einen Antrag stellen
c etwas genehmigen (hat genehmigt)
d (das) Arbeitszeitkonto

e (der/die) Arbeitgeber/-in
f etwas ablehnen (hat abgelehnt)
g (der/die) Arbeitnehmer/-in

1 etwas erlauben, „ja" sagen
2 „nein" sagen
3 (der/die) Angestellte
4 Man hat Überstunden gemacht. Dafür bekommt man freie Zeit.
5 schriftlich um etwas bitten, etwas beantragen
6 (der/die) Vorgesetzte, (der/die) Chef/-in
7 Dort steht, wie viele Stunden man am Tag / in der Woche / im Monat gearbeitet hat.

a	b	c	d	e	f	g

3 Hören Sie das Gespräch und beantworten Sie die Fragen. Ergänzen Sie dann den Antrag auf Seite 58.

a Wann möchte Herr Huber in Urlaub gehen?
b Warum möchte er so lange gehen?
c Was soll Herr Huber vor seinem Urlaub machen?

Klaus Huber Personal-Nr. 1645

Wenn man nicht alle Kollegen und Kunden informieren kann, dass man in Urlaub geht, hinterlässt man am besten eine Abwesenheitsnotiz. Das ist eine Nachricht mit Informationen, von wann bis wann man weg ist, wer die Vertretung ist usw.

4 Schreiben Sie eine Abwesenheitsnotiz für Herrn Huber.

– Teilen Sie den Kollegen oder Kunden mit, dass Sie ab Montag, den 4. August in Urlaub gehen.
– Sagen Sie ihnen, dass Frau Bauer Ihre Vertretung ist. An sie kann man sich wenden.
– Schreiben Sie, dass Sie ab 1. September wieder im Büro sind und allen einen schönen August wünschen.
– Vergessen Sie Anrede und Gruß nicht!

Liebe ... , • Ich bin ... . • In dringenden Fällen ... . • Ich bin wieder ... . • Ihnen allen ... .
Bis dahin! • Bis September! • Ich wünsche Ihnen einen schönen August!
Viele Grüße • Herzliche Grüße

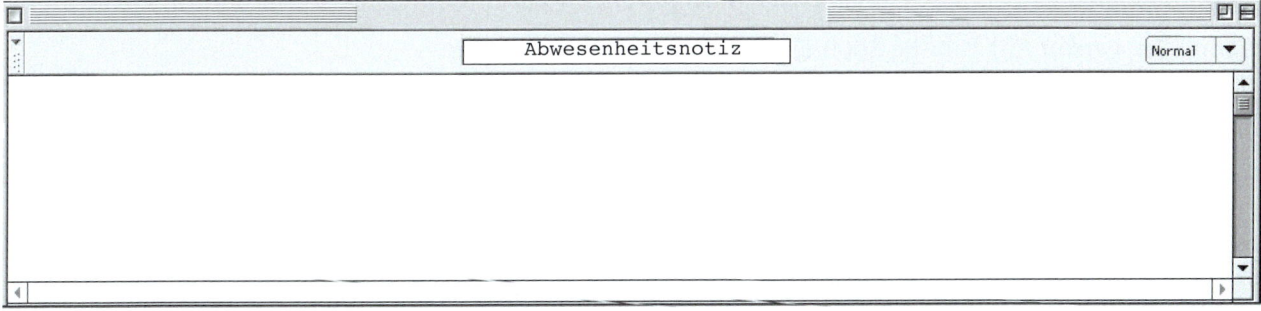

Schritte plus im Beruf — Schritte plus 4/13

Eine Verdienstabrechnung lesen und verstehen

1 Welche Wörter gibt es für „Einkommen" noch? Ergänzen Sie.

der Verdienst — das Einkommen

> Wie viel man verdient, ist oft tariflich festgelegt. Die Höhe des Einkommens kann aber auch Verhandlungssache sein.

2 Lesen Sie den Text in 3 Minuten. Sprechen Sie dann mit Ihrer Partnerin / Ihrem Partner: Was haben Sie verstanden?

> **Tipp:** Im Text gibt es viele unbekannte Wörter. Diese Wörter müssen Sie nicht im Wörterbuch suchen, denn sie werden in Aufgabe 5 und 6 erklärt. Wichtig ist hier nur, dass Sie zusammen mit Ihrer Partnerin/Ihrem Partner die „Hauptaussage" von dem Text verstehen (= selektives Lesen).

Die Regierung will die Bürger entlasten und die monatlichen Abgaben von derzeit ca. 40 Prozent auf 36 Prozent senken. Denn vor allem Menschen mit niedrigem und mittlerem Verdienst leiden nicht so sehr unter der großen Steuerlast, sondern unter hohen Sozialabgaben.
Ein Familienvater mit einem Lohn von 3000 Euro brutto muss so zum Beispiel pro Monat ca. 280 Euro Lohnsteuer bezahlen. Sozialversicherungsbeiträge, also Renten-, Arbeitslosen-, Kranken- und Pflegeversicherung, summieren sich auf rund 600 Euro. Insgesamt werden ihm also von seinem Bruttolohn fast 900 Euro abgezogen und er hat netto nur noch 2100 Euro in der Tasche.

3 Richtig oder falsch? Lesen Sie den Text noch einmal und kreuzen Sie an.

	richtig	falsch
In Zukunft muss man keine Steuern mehr bezahlen.	☐	☐
Arbeitnehmer müssen viel Geld für Sozialversicherungen bezahlen.	☐	☐
Wenn eine Person mit Familie 3000 Euro brutto verdient, bleiben ihr am Ende nur noch 2100 Euro netto übrig.	☐	☐
Die Regierung möchte, dass Arbeitnehmer bald keine Sozialversicherungen mehr zahlen müssen.	☐	☐

4 Welche Abgaben muss man in Ihrem Land bezahlen? Sprechen Sie im Kurs.

Schritte plus im Beruf

Eine Verdienstabrechnung lesen und verstehen

5 Welches Wort finden Sie dafür in der Verdienstabrechnung? Lesen Sie und ergänzen Sie.

a Das ist der Verdienst ohne Kosten- oder Steuerabzug: _____

b Das muss ein Arbeitnehmer an den Staat zahlen: _____

c Auch die Kirchen bekommen einen Teil vom Lohn: _____

d Wenn alle Steuern und Abgaben gezahlt wurden, bleibt das übrig: _____

Verdienstabrechnung

Frau
Gerlinde Müller
Hauptstraße 47

20095 Hamburg

	Euro
Abrechnungsmonat 04.20..	
Gesamtbrutto	2104,46
Lohnsteuer	576,66
Solidaritätszuschlag	31,71
Kirchensteuer	46,13
Krankenversicherung	165,21
Rentenversicherung	209,39
Arbeitslosenversicherung	34,73
Pflegeversicherung	17,89
Nettoverdienst	1022,74
Überweisung	1022,74

---

6 Welcher Text passt dazu? Ordnen Sie zu.

Solidaritätszuschlag ☐   Arbeitslosenversicherung ☐

Krankenversicherung ☐   Pflegeversicherung ☐

Rentenversicherung ☐

Schritte plus im Beruf

Eine Verdienstabrechnung lesen und verstehen

a

Wenn man ein bestimmtes Alter erreicht hat, muss man nicht mehr arbeiten. Dann bekommt man vom Staat jeden Monat Geld. Der Betrag hängt davon ab, wie lange man gearbeitet und wie viel man in diese Versicherung einbezahlt hat.

b

Im Alter wird man oft krank und schwach und kann nicht mehr für sich selbst sorgen. Man braucht jemanden für die Pflege. Die Kosten dafür werden teilweise vom Staat bezahlt. Das ist nur möglich, wenn Arbeitnehmer jeden Monat Geld in diese Versicherung einbezahlen.

c

Ob man jung oder alt ist, spielt keine Rolle: Jeder wird einmal krank oder hat einen Unfall und kann dann nicht arbeiten und kein Geld verdienen. Weil es diese Versicherung gibt, wird man aber trotzdem weiterbezahlt.

d

Wenn man einige Jahre gearbeitet hat, dann aber seine Stelle verliert und arbeitslos wird, bekommt man für eine bestimmte Zeit einen prozentualen Anteil seines Gehalts weiterbezahlt. Für diesen Fall gibt es diese Versicherung.

e

Mit diesem Geld wird den ostdeutschen Bundesländern finanziell geholfen.

Schritte plus im Beruf

Die Dienstübergabe – ein Protokoll lesen und schreiben

1 Was bedeutet das? Kreuzen Sie an.

a Die Abkürzung *OP* bedeutet:

☐ Ohne Patient.
☐ Oberarztpraxis.
☐ Operation.

b Nach einer Operation gehen die Krankenschwestern und Krankenpfleger regelmäßig zum Patienten. Sie kontrollieren, ob es ihm gut geht. Dies nennt man:

☐ Hauptsorge.
☐ Nachsorge.
☐ Besorgung.

c Eine *Order* vom Arzt ist:

☐ eine Anweisung.
☐ ein Medikament.
☐ ein Rezept.

d Nach einer Operation bekommen viele Patienten ... , denn es darf keinen „Blut-Stau" in den Beinen geben.

☐ Kniestrümpfe
☐ Socken
☐ Thrombosestrümpfe

e Krankenschwestern und Krankenpfleger haben Schichtdienst. Weil die nächste Schicht wissen muss, wie es den Patienten geht und was zu tun ist, schreiben sie vor dem Schichtwechsel

☐ ein Dienstübergabe-Protokoll.
☐ einen Geschäftsbrief.
☐ eine E-Mail an die Kolleginnen und Kollegen.

Schritte plus im Beruf

Die Dienstübergabe – ein Protokoll lesen und schreiben

2 Das Dienstübergabe-Protokoll

a Überfliegen Sie das Protokoll und ergänzen Sie die passenden Überschriften.

> Ereignis • Patient • ~~Datum / Uhrzeit~~ • Schicht • Unterschrift / Kürzel

		Datum / Uhrzeit		
Herr Manuel Klein	an den Spätdienst	21.10. 13.23 Uhr	Heute war OP, auf Nachsorge achten. Patient kann ab 15 Uhr wieder essen.	kd -> ag
	an den Nachtdienst	21.10. 21.39 Uhr	Auf Order von Oberarzt Dr. Meineke soll Patient Thrombosestrümpfe bekommen.	ag -> ew
	an den Frühdienst	22.10. 5.45 Uhr	Patient fühlt sich wohl. Keine Besonderheiten.	ew -> kd
	an den Spätdienst	22.10. 13.30 Uhr	Patient hat erhöhte Temperatur. Order an den Nachtdienst: Fieber messen.	kd -> ag
	an den Nachtdienst	22.10. 21.56 Uhr	Patient hat kein Fieber mehr. Keine Besonderheiten.	ag -> ew

b Lesen Sie das Protokoll und kreuzen Sie an: Was ist richtig?   richtig

a Am 21. November darf der Krankenpfleger Andreas Greiner (ag) Herrn Klein erst am Abend etwas zu essen bringen. ☐

b Dr. Meineke hat dem Patienten Thrombosestrümpfe verschrieben. ☐

c Die erste Nacht nach der Operation verläuft für Herrn Klein leider nicht sehr ruhig. ☐

d Manuel Klein bekommt am Tag nach seiner Operation Fieber. ☐

e Gegen zehn Uhr abends ist der Patient wieder fieberfrei. ☐

Schritte plus im Beruf

Die Dienstübergabe – ein Protokoll lesen und schreiben

3 Was ist in der Nacht passiert? Sehen Sie die Bilder an und ergänzen Sie das Dienstübergabe-Protokoll. Die Wörter helfen Ihnen dabei.

Schmerzen am Kopf und am Rücken haben • Dr. Derr informieren • wieder einschlafen
aus dem Bett fallen • von Dr. Derr untersuchen lassen • Schmerz- und Schlafmittel nehmen

Protokoll der Dienstübergabe

Datum:　　　　　　Schicht:

Bewohnerin / Zimmer:	Ereignis:	Aufgaben:

4 Was ist gestern bei Ihnen in der Arbeit passiert? Schreiben Sie ein Protokoll.

Schritte plus im Beruf

Über seinen beruflichen Werdegang sprechen

1 Arbeiten Sie mit Ihrer Partnerin / Ihrem Partner und ergänzen Sie die Wörter. Wie heißt das Lösungswort?

a Ein anderes Wort für „Foto" ist … .
b Wenn man eine Arbeit finden will, muss man sich … .
c Ich bin Lehrer von … .
d Wenn man Erfolg im Beruf hat und immer bessere Angebote bekommt, macht man … .
e In einem … erklärt man, warum man sich auf eine Stelle bewirbt.
f Bewerber und Arbeitgeber lernen sich am besten in einem … kennen.
g Einen Beruf erlernen, bedeutet: eine … machen.
h Für viele Stellen braucht man gute Kenntnisse in einer oder mehreren Fremd … .
i Dort kann man nachlesen, ob Schüler, Auszubildende oder Mitarbeiter ihre Arbeit gut oder schlecht gemacht haben.
j Ein anderes Wort für „Weiterbildung" ist … .

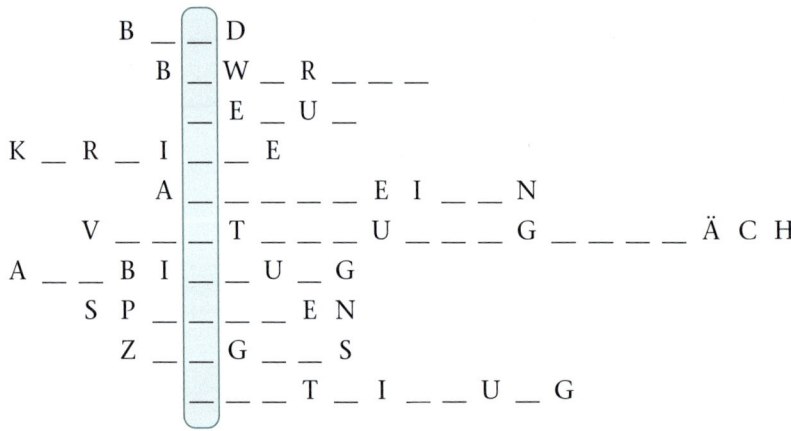

2 Wenn man sich bewirbt, muss man einen Lebenslauf mitschicken. Was noch? Sehen Sie sich die Wörter in 1 noch einmal an und ergänzen Sie. Sprechen Sie dann im Kurs darüber.

Schritte plus im Beruf

Schritte plus 5/1

Über seinen beruflichen Werdegang sprechen

3 Lesen Sie den Lebenslauf. Arbeiten Sie auch mit dem Wörterbuch. Was wissen Sie über Boris Krause? Sprechen Sie im Kurs. Die Redemittel helfen Ihnen dabei.

LEBENSLAUF

Zur Person
Boris Krause
Weserstraße 50
28757 Bremen

Tel.:	0421/61837
E-Mail:	boris@krause.de
Geburtsdatum, -ort:	6. August 1976 in Aurich
Familienstand:	ledig; keine Kinder

Schulabschlüsse

1993	Realschulabschluss (Note 2,1)
1997	Abitur (Note 2,4)

Beruflicher Werdegang

2004 - laufend	Teamleiter der Bereiche „Sparen" und „Kredite" im Privatkundengeschäft
2000 - 2004	Berater im Privatkundengeschäft
1997 - 2000	Ausbildung zum Bankkaufmann bei der Kreditbank AG Bremen

Kenntnisse

Fremdsprachen:	Russisch
	Wirtschaftsenglisch
	Französisch
Besondere Qualifikationen:	Kundenberatung
	Verhandlungen führen

Freizeit   Reisen, Wandern, Lesen

> Boris Krause ist am 6. August 1976 in Aurich geboren. Jetzt wohnt er in Bremen. Er ist nicht verheiratet und hat keine Kinder. Er … .

Schritte plus im Beruf

Schritte plus 5/1

Über seinen beruflichen Werdegang sprechen

Person	Schulabschlüsse	beruflicher Werdegang	Kenntnisse	Freizeit
... wohnt in ...	... hat (von ... bis ...) ... besucht.	... hat von ... bis ... bei ... als ... gearbeitet. / hat bei ... eine Ausbildung als / zu ... / ein Praktikum gemacht.	... spricht / kann (sehr) gut / fließend ... sprechen.	In seiner Freizeit reist ... gerne.
... ist am ... in ... geboren	... hat (im Jahr) ... den ...schulabschluss / das Abitur gemacht.	... ist / war für ... zuständig / verantwortlich.	... hat eine Weiterbildung / Fortbildung im Bereich ... / zum Thema ... gemacht.	Seine Freizeit verbringt ... mit ... .
... ist ledig / (nicht) verheiratet / geschieden / verwitwet ... . hat ... / keine Kinder.	hat (im Jahr) ... die ...schule / das Gymnasium mit der Note ... abgeschlossen.	... ist seit (Jahr) ... bei ... im Bereich ... tätig.	... hat sich in den Bereichen ... weitergebildet / fortgebildet.	Seine Hobbys sind ... .

4 Ordnen Sie das Gespräch. Hören Sie dann und vergleichen Sie. Track 21

- ☐ Interessant. Herr Krause, wie ich gelesen habe, sprechen Sie drei Fremdsprachen?

- ☐ Richtig. Ich habe eine Weiterbildung zu den Themen Kundenberatung und Verhandlungsführung gemacht. Außerdem habe ich an einem Sprachkurs für Wirtschaftsenglisch teilgenommen.

- ☐ **1** Guten Tag, Herr Krause, Rosenbaum ist mein Name. Ich bin die Leiterin der Personalabteilung. Darf ich Sie bitten, uns telefonisch kurz Ihren beruflichen Werdegang zu schildern?

- ☐ Das stimmt. Ich spreche neben Deutsch noch fließend Russisch, weil ich zweisprachig aufgewachsen bin. In der Schule habe ich dann noch Englisch und Französisch gelernt.

- ☐ Auch ich bedanke mich für das Gespräch. Auf Wiederhören, Frau Rosenbaum.

- ☐ Ja, gerne. Nun, wie Sie aus meinem Lebenslauf wissen, habe ich nach meinem Abitur eine dreijährige Ausbildung zum Bankkaufmann bei der Kreditbank AG in Bremen gemacht. Anschließend war ich vier Jahre als Berater im Privatkundengeschäft tätig.

- ☐ Dann haben Sie eine gute Ausbildung hinter sich und auch schon ziemlich viel Berufserfahrung gesammelt. Herr Krause, wofür sind Sie bei Ihrer Bank denn zurzeit zuständig?

- ☐ Herr Krause, das klingt alles recht gut. Ich danke Ihnen für das Gespräch und denke, dass Sie schon bald von uns hören werden. Auf Wiederhören.

- ☐ Ich bin derzeit als Teamleiter der Bereiche „Sparen" und „Kredite" für das Privatkundengeschäft verantwortlich. Neben meiner Funktion als Teamleiter berate ich vor allem unsere Hauptkunden, wie sie ihr Geld gut anlegen und größere Anschaffungen finanzieren können.

- ☐ Hm, Sie sind ja ein richtiger Sprachenexperte ... Wie sieht es denn bei Ihnen mit Weiterbildungen aus? Ich glaube, auch da haben Sie Einiges gemacht, richtig?

Schritte plus im Beruf

Über seinen beruflichen Werdegang sprechen

5 Ergänzen Sie den Lebenslauf mit Ihren persönlichen Daten.

Tipp: Achten Sie darauf, dass man Ihren Lebenslauf gut lesen kann und alle Informationen schnell findet (= übersichtlich und strukturiert). Achten Sie auch darauf, dass Ihr Lebenslauf lückenlos (= es darf keine „leere Zeit" geben) und nicht länger als eine Seite ist. Nennen Sie Ihre aktuelle Tätigkeit immer zuerst und beschreiben Sie das, was Sie machen oder gemacht haben, kurz. Vergessen Sie nicht, Ihren Lebenslauf zu unterschreiben.

LEBENSLAUF

Zur Person

_____
_____
_____

Tel.: _____
E-Mail: _____
Geburtsdatum, -ort: _____
Familienstand: _____

Schulabschlüsse

_____   _____
_____   _____
_____   _____

Beruflicher Werdegang

_____   _____
_____   _____
_____   _____

Kenntnisse
Fremdsprachen: _____
_____
_____

Weiterbildung: _____
_____

Freizeit _____

Schritte plus im Beruf

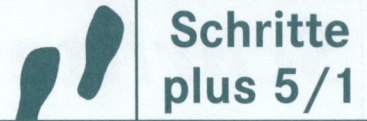
Schritte plus 5/1

Über seinen beruflichen Werdegang sprechen

6 Machen Sie mit Ihrer Partnerin / Ihrem Partner Rollenspiele. Erzählen Sie von Ihrem beruflichen Werdegang. Ihre Partnerin / Ihr Partner beginnt das Gespräch und stellt Zwischenfragen. Die Redemittel auf Seite 68 und Ihr Lebenslauf helfen Ihnen dabei. Tauschen Sie dann die Rollen.

Guten Tag Frau ... / Herr ... . Mein Name ist ... .
Ich habe Ihre Bewerbungsunterlagen schon gelesen,
aber erzählen Sie doch noch ein bisschen mehr
über Ihren beruflichen Werdegang.   ...

... zurzeit zuständig?
                                       ...

... besondere Kenntnisse ... ?
                                       ...

... Weiterbildung ...?
                                       ...

... Freizeit?
                                       ...

Vielen Dank für das interessante Gespräch. Sie hören sicher bald von uns.

                                       ...

Schritte plus im Beruf

Schritte plus 5/2

Ein Protokoll lesen und verstehen, über Teamarbeit diskutieren

1 Jedes Jahr im Oktober findet in Frankfurt eine große Buchmesse statt. Sehen Sie sich das Foto an und ordnen Sie die Wörter zu.

> der (Messe-)Stand • der (Messe-)Besucher • der Aussteller

Jede Firma möchte, dass die Messebesucher am Stand gut betreut werden. Deshalb ist eine gute Messe-Vorbereitung sehr wichtig.

2 Lesen Sie das Protokoll und ergänzen Sie: Wer war dafür verantwortlich?

Das Messe-Team:

Peter Stahnke (ps)   Andrea Smolka (as)   Christian Schneider (cs)   Natalia Rittkowski (nr)

Protokoll: Vorbereitung d. Buchmesse / anwesend: cs, nr, as, ps / Schriftführerin: nr		
Was?	Wer?	Bis wann?
• Anmeldeformular für die Messe ausfüllen und wegschicken • die Produkte, die auf der Messe ausgestellt werden, aussuchen • Hotelzimmer buchen	as	Mitte Januar
• Parkplätze reservieren • Kontakt mit der Reinigungsfirma, dem Wachdienst und der Firma, die den Transport übernimmt, aufnehmen • Versicherungen abschließen	cs	Ende März
• Büromaterialien bestellen • Visitenkarten und Namensschilder besorgen • Strom, Telefon, Fax und Internetanschluss beantragen	ps	April
• Prospekte drucken lassen • Einladungen und Eintrittsgutscheine an Geschäftspartner und Kunden verschicken • Werbegeschenke organisieren • Kasse mit Bargeld mitnehmen	as	vor dem Sommerurlaub (Juni) Oktober (Kasse)
• Putz-/Spülmittel und Müllsäcke kaufen • Geschirrtücher nicht vergessen! • Koffer mit Medikamenten überprüfen und, wenn nötig, ergänzen • für Getränke (Wasser, Säfte, Kaffee, Tee) und Kleinigkeiten zum Essen sorgen	nr	nach dem Sommerurlaub (August)

Schritte plus im Beruf

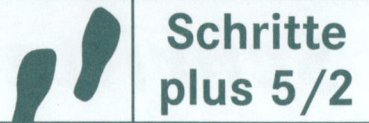

Ein Protokoll lesen und verstehen, über Teamarbeit diskutieren

a _Andrea Smolka (as)_
Am letzten Tag dürfen Messebesucher die Produkte, die sie auf der Messe gesehen haben, kaufen. Deshalb braucht das Messe-Team am Stand Geld.

b _____
Viele Besucher möchten über die Produkte, die sie interessieren, etwas lesen und nehmen gerne Informationsmaterial mit.

c _____
Die Kunden wollen wissen, mit wem sie sprechen.

d _____
Weil die Messe groß und anstrengend ist, freuen sich die Besucher über ein Glas Wasser oder eine Tasse Kaffee.

e _____
Wenn jemand vom Messe-Team Kopfschmerzen hat, gibt es am Stand Tabletten.

f _____
Wer auf einer Messe ausstellt, möchte neue Kunden gewinnen. Deshalb sollte das Team Kundendaten aufschreiben – elektronisch oder mit Stift und Papier.

g _____
Wenn man an einer Messe teilnehmen will, muss man sich dazu anmelden.

h _____
Damit auf der Messe nichts gestohlen wird, gibt es einen Wachdienst.

3 Sprechen Sie im Kurs: Wofür sind/waren die Personen vom Messe-Team noch verantwortlich?

4 Arbeiten Sie mit einer Partnerin / einem Partner und entscheiden Sie: Hat die Person bei der Vorbereitung einen Fehler gemacht? Ja oder nein? Kreuzen Sie an und begründen Sie Ihre Antwort.

		ja	nein
a	Eine Woche vor Messebeginn möchte Frau Smolka die Hotelzimmer für das Messe-Team buchen. Leider ist das Hotel besetzt.	☐	☐
b	Obwohl Herr Schneider einen Wachdienst organisiert hat, fehlen am zweiten Messe-Tag einige Produkte.	☐	☐
c	Als Herr Stahnke im Oktober den Anschluss für das Internet beantragen möchte, sagt man ihm, dass es dafür zu spät ist.	☐	☐
d	Obwohl Frau Smolka vor ihrem Sommerurlaub im Juni einige Geschäftspartner zu einem Treffen auf der Messe eingeladen hat, kommt keiner von diesen Partnern zum Stand.	☐	☐
e	Die Getränke, die Frau Rittkowski im August bestellt hat, reichen nicht.	☐	☐

Schritte plus im Beruf

Schritte plus 5/2

Ein Protokoll lesen und verstehen, über Teamarbeit diskutieren

5 Sehen Sie das Bild an und lesen Sie. Was ist in diesem Team passiert? Sprechen Sie im Kurs.

In diesem Team hat keiner die Aufgabe gemacht, die eigentlich gemacht werden sollte. Jeder dachte, dass … .

6 Worauf muss man bei der Teamarbeit achten? Sprechen Sie mit Ihrer Partnerin / Ihrem Partner.

Tipp: Denken Sie zum Beispiel auch an einen Mannschaftssport wie Fußball oder an ein Musikorchester. Was ist wichtig, damit eine Mannschaft gewinnt bzw. ein Musikstück gut klingt?

---

ein gemeinsames Ziel haben • qualifizierte Teammitglieder • Aufgaben klar verteilen • Aufgaben selbstständig, zuverlässig und pünktlich erledigen • sich und die anderen regelmäßig über die nächsten Arbeitsschritte / den Zeitplan etc. informieren • sich an Absprachen halten • Konflikte lösen • Privates und Berufliches trennen • andere Meinungen respektieren • …

Schritte plus im Beruf

Schritte plus 5/3

Einen Beipackzettel lesen und verstehen

1 **Medikamente**

a **Was passt? Ordnen Sie zu.**

die Brausetablette, -n   `d` _____

das Gel, -s   ☐   auftragen und einreiben

die Tablette, -n   ☐   _____ , _____

die Tropfen (Pl.)   ☐   _____

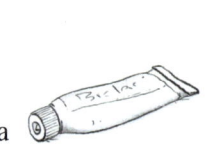       

a   b   c   d

b **Wie wird das Medikament genommen? Ergänzen Sie oben.**

> einnehmen • schlucken • in Wasser auflösen und trinken • ~~auftragen und einreiben~~
> auf die Zunge / auf ein Stück Zucker tropfen und im Mund zergehen lassen

> Zu jedem Medikament gibt es einen Beipackzettel. Das ist ein Text mit wichtigen Informationen, die man vor der Einnahme des Mittels lesen sollte.

2 **Arbeiten Sie in der Gruppe. Wählen Sie einen Beipackzettel und lesen Sie. Ergänzen Sie die Tabelle.**

> **TIPP:** Konzentrieren Sie sich nur auf die Informationen, die Sie zum Ausfüllen der Tabelle brauchen!

Voltaren Schmerzgel
Bezeichnung des Arzneimittels
Voltaren Schmerzgel
Anwendungsgebiete
Zur äußerlichen Behandlung von Schmerzen, Entzündungen und Schwellungen bei:
• Rheumatischen Erkrankungen der Weichteile (Sehnen- und Sehnenscheidenentzündungen, Schleimbeutelentzündungen, Schulter-Arm-Syndrom, Entzündungen im Muskel- und Kapselbereich),
• degenerativen Erkrankungen der Extremitäten und im Bereich der Wirbelsäule,
• Sport- und Unfallverletzungen (Verstauchungen, Prellungen, Zerrungen)
Gegenanzeigen
Voltaren Schmerzgel darf nicht bei Kindern unter 6 Jahren, nicht im letzten Drittel der Schwangerschaft und nicht bei Überempfindlichkeit gegenüber den Inhaltsstoffen angewendet werden.
Nebenwirkungen
Gelegentlich können Juckreiz, Rötung, Ausschlag oder Brennen auftreten.
Wechselwirkungen mit anderen Medikamenten
Nicht bekannt.
Dosierung mit Einzel- und Tagesgaben
Voltaren Schmerzgel wird 3- bis 4mal täglich auf die betroffene Körperregion aufgetragen und gegebenenfalls leicht eingerieben.

Schritte plus im Beruf

Einen Beipackzettel lesen und verstehen

Aspirin Plus C
Brausetabletten

Bitte beachten Sie: Bei dem hier abgedruckten Text handelt es sich lediglich um einen bearbeiteten Auszug aus dem Original-Beipackzettel des Medikaments.

Aspirin Plus C wird angewendet bei
- leichten bis mäßig starken Schmerzen wie Kopfschmerzen, Zahnschmerzen, Regelschmerzen, schmerzhaften Beschwerden, die im Rahmen von Erkältungskrankheiten auftreten.
- Fieber

Aspirin Plus C darf nicht eingenommen werden
- wenn Sie überempfindlich (allergisch) gegenüber Acetylsalicylsäure sind
- bei akuten Magen-Darmgeschwüren
- bei krankhaft erhöhter Blutungsneigung
- in den letzten 3 Monaten der Schwangerschaft

Wie ist Aspirin Plus C einzunehmen?
Lösen Sie die Brausetabletten vor der Einnahme vollständig in einem Glas Wasser auf. Nicht auf nüchternen Magen einnehmen.
Kinder 9-12 Jahren: **1** Brausetablette (nicht mehr als **3** Brausetabletten pro Tag)
Jugendliche und Erwachsene **1-2** Brausetabletten (nicht mehr als **3-6** Brausetabletten pro Tag)

Nebenwirkungen
Besonders bei Asthmatikern können Hautreaktionen und Atemnot auftreten. Sehr selten sind Magenbeschwerden wie Magenschmerzen, Übelkeit oder Erbrechen. Wenn Aspirin Plus C länger eingenommen wird, kann es zu Kopfschmerzen, Schwindel, Erbrechen, Ohrensausen oder Sehstörungen kommen.

Korodin Herz-Kreislauf-Tropfen

Anwendungsgebiete
Vegetativ-funktionelle Herz-Kreislauf-Beschwerden sowie hypotone und orthostatische Kreislaufstörungen

Gegenanzeigen
Keine bekannt.

Nebenwirkungen
Keine bekannt.

Dosierung:
Soweit nicht anders verordnet, nimmt man 3mal täglich 10 Tropfen auf einem Stück Zucker, das man im Mund zergehen lässt oder auf einem Stückchen Brot (Diabetiker), das man langsam zerkaut oder man tropft es unverdünnt auf die Zunge.

Name	Form	Krankheit	Dosierung / Anwendung	Nebenwirkungen

3 Stellen Sie das Medikament im Plenum vor. Die Redemittel unten helfen Ihnen dabei.

Das Medikament heißt … .
Es hilft gegen … . / Man nimmt es bei … .
Man nimmt es …mal täglich.

Man darf es nicht / bei … / nehmen. / , wenn man … .
Manchmal kommt es vor, dass man … .

Schritte plus im Beruf

Schritte plus 5/4

Stellenanzeigen verstehen und eine Bewerbung schreiben

1 Sehen Sie die Stellenanzeige an. Woran erkennen Sie, dass diese Anzeige „seriös" ist? Sprechen Sie im Kurs.

Frantzen Automobiltechnik GmbH
Industriestraße 14-18   44805 Bochum   frantzen.gmbh@automobiltechnik.de

Wir sind ein mittelgroßes Unternehmen der Automobilbranche und stellen mechatronische Komponenten her. Wir entwickeln und fertigen individuelle Lösungen für große Automobilhersteller weltweit.
Wir haben Standorte in Deutschland, Frankreich, den USA, Mexiko und Chile.

Wir suchen einen qualifizierten *Praktikanten* mit Interesse im Bereich Mecha(tro)nik. Ihre Hauptaufgabe ist die Mithilfe beim Zusammenbau und bei der Installation elektromechanischer Teile im Automobilbau. Außerdem müssen Sie Maschinen kontrollieren, Fehler suchen und Arbeiten dokumentieren.

Sie möchten eine Ausbildung zum *Kfz-Mecha(tro)niker* machen und können selbstständig und im Team arbeiten. Idealerweise verfügen Sie auch über gute Deutsch- und Computerkenntnisse.

Wir bieten Ihnen ein interessantes Praktikum, ein angenehmes Arbeitsklima, ein gutes Gehalt und die Chance, sich fortzubilden. Wenn wir mit Ihrer Arbeit zufrieden sind, können Sie nach dem Praktikum bei uns eine Ausbildung zum Kfz-Mechatroniker machen.

Haben Sie Interesse? Dann schicken Sie uns Ihre kompletten Bewerbungsunterlagen zu.

Bei weiteren Fragen rufen Sie bitte Frau Müller (Tel.: 0234 / 47226) an.

---

2 Kreuzen Sie an: Was ist richtig?

		richtig
a	Die Firma Frantzen gibt es nicht nur in Deutschland.	☐
b	Nur ausgebildete Kfz-Mechaniker/-innen sollten sich um ein Praktikum bei der Firma Frantzen bewerben.	☐
c	Voraussetzung für Praktikanten ist, dass sie gut allein, aber auch mit anderen zusammenarbeiten können.	☐
d	Die Firma Frantzen möchte gerne, dass die Bewerber gut Deutsch sprechen können und mit dem Computer vertraut sind.	☐
e	Die Firma Frantzen bietet ihren Praktikanten später einen festen Arbeitsplatz an.	☐
f	Man soll sich bei Frau Müller telefonisch bewerben.	☐

Schritte plus im Beruf

Schritte plus 5/4

Stellenanzeigen verstehen und eine Bewerbung schreiben

3 Herr Gonzales hat sich auf die Anzeige der Firma Frantzen beworben.
Arbeiten Sie mit Ihrer Partnerin / Ihrem Partner und ordnen Sie das Anschreiben.

- [1] **Ihre Stellenanzeige vom 16.11.20..**
- [ ] Mit freundlichen Grüßen
- [ ] Ein Praktikum in Ihrem Haus interessiert mich sehr, weil ich schon in Chile eine Ausbildung als Kfz-Mechatroniker gemacht habe und meine Kenntnisse in diesem Bereich weiter vertiefen möchte. Gerne würde ich später für eine deutsche Firma im spanischsprachigen Ausland arbeiten.
- [ ] Sehr geehrte Damen und Herren,
- [ ] Über eine Einladung zum Vorstellungsgespräch freue ich mich.
- [ ] hiermit möchte ich mich auf Ihre Anzeige vom 16.11.20.. in der Bochumer Zeitung bewerben.
- [ ] Ich lebe zurzeit in Bochum, weil ich meine Deutschkenntnisse verbessern möchte. Aus diesem Grund nehme ich seit zwei Monaten an einem Deutschkurs für Fortgeschrittene an der Universität teil.
- [ ] *Pedro Gonzales*

4 Lesen Sie die Stellenanzeige auf der nächsten Seite und beantworten Sie die Fragen im Kurs.

a Welche Produkte stellt die Firma Weininger KG her?

b Wo verkauft die Firma ihre Produkte?

c Was bietet die Firma jungen Leuten an?

d Welche Voraussetzungen müssen die Bewerber mitbringen?

e Welche Aufgaben hat man, wenn man als Praktikant bei der Firma Weininger arbeitet?

f Was bietet die Firma den Praktikanten noch?

g Welche Bewerbungsunterlagen muss man an die Personalabteilung der Firma Weininger schicken?

Schritte plus im Beruf

Schritte plus 5/4

Stellenanzeigen verstehen und eine Bewerbung schreiben

MÖBELHAUS Weininger KG
Hauptstraße 50-54
64646 HEPPENHEIM

Wir sind ein mittelständisches Unternehmen, das sich auf die Produktion von Wohnzimmermöbeln spezialisiert hat. Wir verarbeiten nur erstklassige Holzsorten und exportieren unsere Produkte auch ins europäische Ausland.

In unserem Vertrieb **bieten wir** jungen Leuten für die Dauer von 6 Monaten die Möglichkeit, als **PRAKTIKANT(INN)EN** Berufserfahrung zu sammeln.

Sie sollten die Schule abgeschlossen oder eine Ausbildung im kaufmännischen Bereich haben. Auch ausländische Bewerber mit entsprechenden Deutschkenntnissen sind willkommen. Bewerber(innen), die in Office-Anwendungen geübt sind, werden bevorzugt. Weiterhin sollten Sie flexibel sein und selbstständig arbeiten können.

Sie werden Bestellungen bearbeiten, Kundentermine vorbereiten, Dokumente verwalten, sowie alle kaufmännischen Aufgaben in den Bereichen Produktionsplanung, Marketing und Finanzierung kennenlernen.

Sie erwartet ein strukturiertes Programm mit intensiver Betreuung in einem erfahrenen Team. Sie lernen verschiedene Arbeitsmethoden in einem angenehmen Betriebsklima bei angemessener Bezahlung kennen.

Sind Sie interessiert?
Dann senden Sie uns eine vollständige Bewerbung mit Anschreiben, Lebenslauf, Passfoto und Zeugniskopien zu oder bewerben Sie sich online unter:
personal@weininger.de

---

5 Olivia Fernandez bewirbt sich beim Möbelhaus Weininger um ein Praktikum. Formulieren Sie das Anschreiben. Die Textbausteine und die Informationen auf dem Kärtchen helfen Ihnen dabei.

Olivia Fernandez, Madrid • Abitur • lernt seit vielen Jahren Deutsch (Oberstufe) • hat einen Computerkurs besucht • möchte in einer deutschsprachigen Firma arbeiten • will praktische Erfahrung im kaufmännischen Bereich sammeln

Woher wissen Sie, dass die Firma einen Praktikanten sucht?
Hiermit bewerbe ich mich auf Ihre Anzeige vom … (Datum) in der … Zeitung.
Mit (großem) Interesse habe ich Ihre Anzeige in der … Zeitung vom … (Datum) gelesen.
Hiermit bewerbe ich mich auf / um die Stelle.

Warum interessiert Sie das Praktikum / die Stelle und – ganz wichtig! – warum sind Sie für den Arbeitgeber interessant?
Ein Praktikum / Die Stelle in Ihrem Haus interessiert mich sehr, denn … / weil … .
Das Praktikum / Die Stelle, das / die Sie ausgeschrieben haben, interessiert mich sehr, denn … / weil … .

Wer sind Sie? Was machen Sie zurzeit beruflich? Was sind Ihre Tätigkeiten?
Ich habe gerade das Abitur / den …abschluss gemacht / eine Ausbildung als … gemacht / … studiert.
Seit … bin ich bei … tätig. Dort bin ich vor allem für … zuständig. / Meine Aufgaben dort sind vor allem … .
Zurzeit arbeite ich als … / mache ich eine Weiterbildung als … / nehme ich an einem …-Kurs teil.

Schritte plus im Beruf

Stellenanzeigen verstehen und eine Bewerbung schreiben

Was wollen Sie mit dem Anschreiben erreichen?
Über eine Einladung zum Vorstellungsgespräch würde ich mich sehr freuen.
Ich freue mich, wenn Sie mich zu einem Vorstellungsgespräch einladen.

Vergessen Sie die Grußformel und den Namen nicht!
Mit freundlichen Grüßen

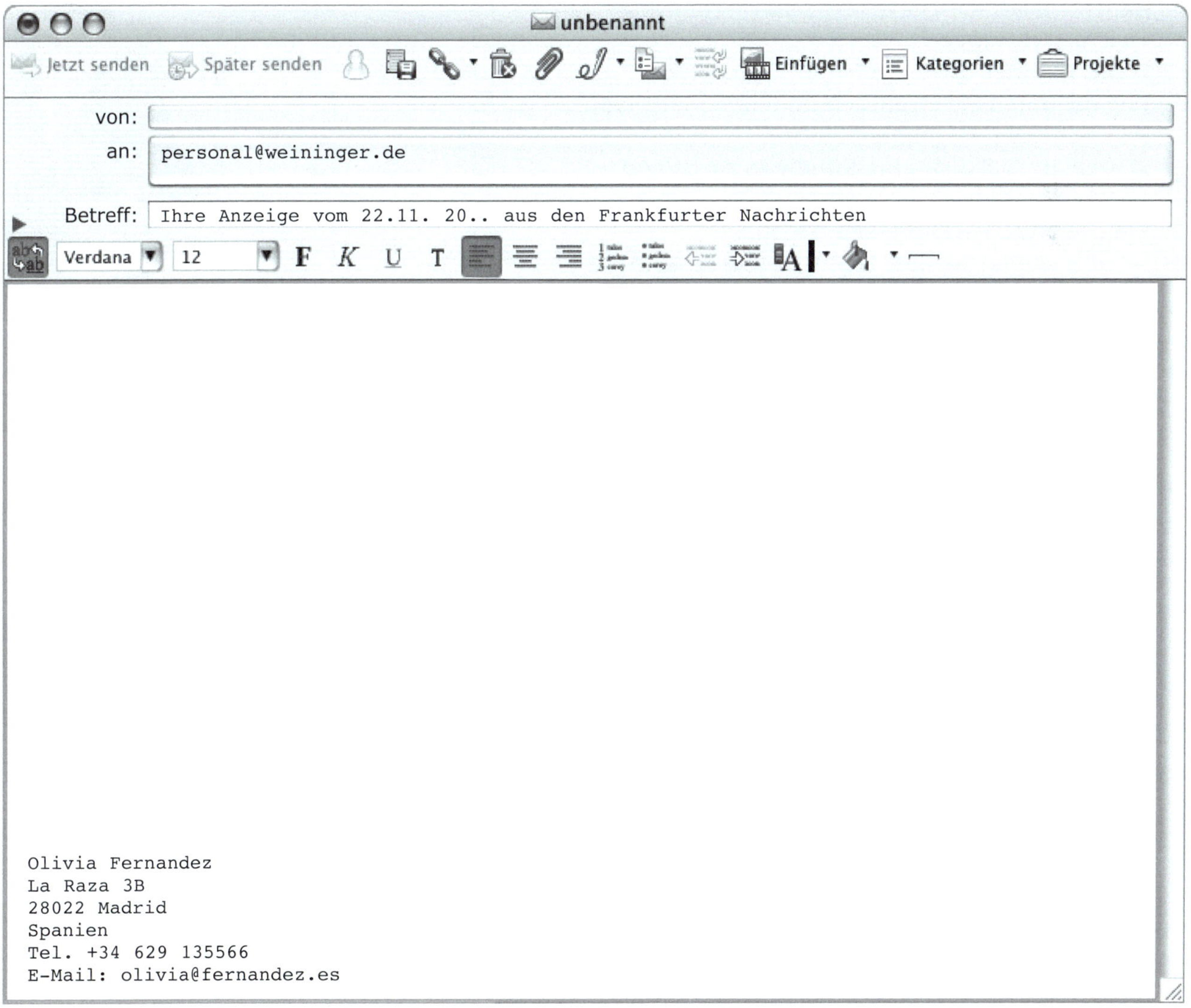

```
an: personal@weininger.de
Betreff: Ihre Anzeige vom 22.11. 20.. aus den Frankfurter Nachrichten




















Olivia Fernandez
La Raza 3B
28022 Madrid
Spanien
Tel. +34 629 135566
E-Mail: olivia@fernandez.es
```

EIN BEWERBUNGSTIPP FÜR SIE: Firmen bekommen oft sehr viele Bewerbungen. Deshalb ist es wichtig, dass Sie schreiben, warum gerade Sie die richtige Person für das Praktikum / die Stelle sind. Überprüfen Sie, ob Sie die Voraussetzungen und Kenntnisse für die Stelle, die in der Anzeige beschrieben werden, mitbringen. Fragen Sie auch Ihre Familie oder Freunde, welche Fähigkeiten Sie haben. Sie bekommen so ein besseres Bild von sich selbst und können besser „für sich werben".

Schritte plus im Beruf

Bei einem Bewerbungsgespräch wichtige Informationen verstehen und eigene Vorstellungen äußern

1 Arbeiten Sie mit Ihrer Partnerin / Ihrem Partner. Was denken Sie:
Welche Fragen dürfen Arbeitgeber in einem Bewerbungsgespräch stellen?
Welche Fragen dürfen sie nicht stellen? Kreuzen Sie an.

Diese Fragen sind ...	erlaubt.	nicht erlaubt.
a Wie viel möchten Sie verdienen?	☐	☐
b Haben Sie auf diesem Gebiet schon Erfahrung?	☐	☐
c Sind Sie schwanger?	☐	☐
d Wann könnten Sie denn bei uns anfangen?	☐	☐
e Wie oft waren Sie eigentlich im letzten Jahr krank?	☐	☐
f Welcher Religion gehören Sie an?	☐	☐
g Wissen Sie, dass wir eine Kündigungsfrist von 12 Wochen haben?	☐	☐
h Welche Staatsangehörigkeit haben Sie?	☐	☐
i Warum wollen Sie den Arbeitsplatz wechseln?	☐	☐
j Sind Sie verheiratet?	☐	☐

2 Hören Sie das Bewerbungsgespräch. Stellt Herr Hansen Frau Sassone Fragen, die nicht erlaubt sind? *(Track 22)*

3 Hören Sie das Gespräch noch einmal. Was erfährt Frau Sassone über die folgenden Punkte? Ergänzen Sie. *(Track 22)*

Arbeitszeit	Gehalt	Kündigungsfrist / andere Fristen	Probezeit/Urlaub

4 Frau Sassone äußert in dem Gespräch mit Herrn Hansen einige Wünsche. Welche? Hören Sie und ergänzen Sie die Sätze. *(Track 22)*

a Ich würde gerne _____.
b Wäre es denn möglich, dass ich _____?
c Ich habe eigentlich an _____ gedacht.
d Könnten wir uns nicht wenigstens auf _____ einigen?
e Nun, vielleicht gibt es ja danach die Möglichkeit, _____

Schritte plus im Beruf

Schritte plus 5/5

Bei einem Bewerbungsgespräch wichtige Informationen verstehen und eigene Vorstellungen äußern

---

5 Arbeiten Sie mit Ihrer Partnerin / Ihrem Partner. Wählen Sie zwei Situationen aus und spielen Sie die Gespräche. Einigen Sie sich. Die Redemittel unten helfen Ihnen dabei.

Sie können in einem Café arbeiten. Allerdings möchten Sie nicht jedes Wochenende arbeiten, sondern maximal zweimal im Monat. Beim Vorstellungsgespräch erklärt Ihr zukünftiger Chef aber, dass Sie jeden Samstag zur Arbeit kommen sollen.

Sie haben eine neue Stelle in Aussicht. Im Bewerbungsgespräch teilt Ihr/e Chef/-in Ihnen mit, dass Sie in der Probezeit keinen Urlaub nehmen können. Ihr Bruder heiratet aber in der Zeit und deshalb haben Sie bereits einen Flug gebucht, um bei der Hochzeit dabei zu sein.

Sie möchten eine neue Stelle im Büro annehmen. Ihr/e Chef/-in ist aber der Meinung, dass Ihre Computerkenntnisse nicht ausreichen. Sie haben seit zwei Jahren nicht mehr am Computer gearbeitet, glauben aber, neue Programme schnell lernen zu können. Außerdem möchten Sie an einer Weiterbildung teilnehmen.

Man hat Ihnen eine Stelle als … angeboten. Allerdings sind Sie mit dem Gehalt nicht einverstanden.

eigene Wünsche und Vorstellungen äußern	etwas ablehnen	einen Kompromiss finden
Ich würde gerne … arbeiten / verdienen / Urlaub nehmen / … .	Das geht leider nicht.	Können wir uns vielleicht darauf einigen, dass … ?
Ich stelle mir vor, nur jeden zweiten Samstag / … zu arbeiten.	Ich fürchte, ich kann Ihnen in dieser Sache nicht entgegenkommen.	Gut, in dem Fall könnte ich Ihnen anbieten, dass … . Dafür … .
Wäre es denn möglich, dass … ?	Das ist leider ausgeschlossen.	Das ist sicher machbar, wenn … .
Ich habe an einen Stundenlohn von … / eine Weiterbildung / … gedacht.	Nein, tut mir leid, darüber brauchen wir nicht zu diskutieren.	Ich denke schon, dass sich das machen lässt. Aber … .

Schritte plus im Beruf

Über Entwicklungen in der Firma sprechen

1 Was bedeuten die Wörter? Lesen Sie und ergänzen Sie.

> die Kundenzufriedenheit • die Verkaufszahlen • der Absatz • der Umsatz

a Eine Firma verkauft ihre Produkte oft. Der _____ ist gut.

b Eine Firma verdient viel Geld. Das bedeutet, dass auch der _____ der Firma gut ist.

c Die _____ stimmen. Die Kunden sind also mit den Produkten zufrieden.

d Mit anderen Worten: Die _____ ist relativ hoch.

2 Der Absatz oder Umsatz einer Firma bleibt gleich oder er verändert sich. Schreiben Sie die Verben in die passende Spalte.

> zurückgehen (um/auf) • sich stabilisieren • zunehmen (um/auf)
> konstant bleiben • wachsen (um/auf) • fallen (um/auf)

+/- (neutral)	+ (positiv)	- (negativ)
sich entwickeln / hat sich entwickelt	steigen / ist gestiegen (um/auf)	sinken / ist gesunken (um/auf)

3 Lesen Sie die Zeitungsmeldung. Markieren Sie die Verben. Welche Grafik passt zum Text? Kreuzen Sie an.

Guter Umsatz – mehr Qualität – zufriedene Kunden

Insgesamt hat sich der Umsatz der Firma *Kunze & Co.* in den letzten Jahren positiv entwickelt. So sind die Verkaufszahlen 2008 sogar um 10 Prozent gestiegen. Obwohl der Absatz 2009 dann zunächst leicht gesunken ist, hat sich die Situation in der zweiten Jahreshälfte schnell wieder stabilisiert und auch verbessert. 2010 sind die Verkaufszahlen dann konstant geblieben – und das auf einem relativ hohen Niveau. Erst Anfang 2011 ist der Umsatz im ersten Quartal wieder zurückgegangen. Mit neuen Produkten und Qualitätskontrollen ist es *Kunze & Co.* aber gelungen, dass die Zahl der Bestellungen im zweiten und dritten Quartal wieder zugenommen hat. Es zeigt sich also auch hier: Der Schlüssel zum Erfolg sind gute Qualität und zufriedene Kunden.

Schritte plus im Beruf

Schritte plus 5/6

Über Entwicklungen in der Firma sprechen

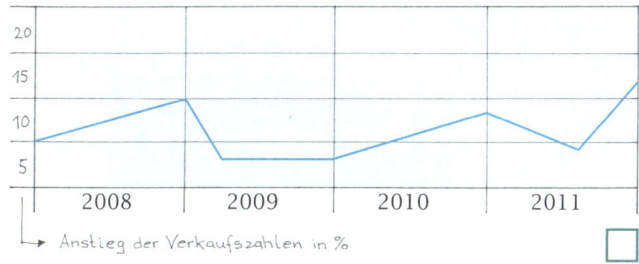
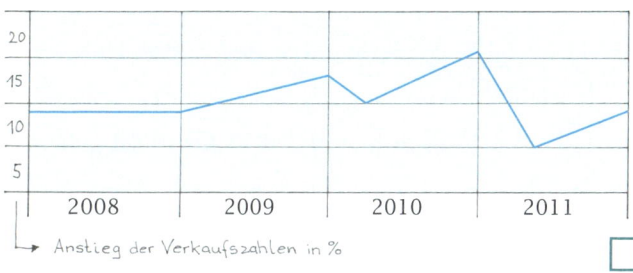

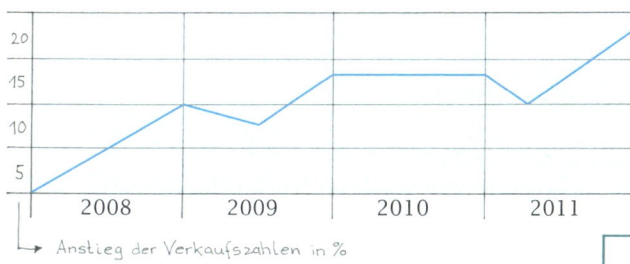

4 Wie hat sich die Kundenzufriedenheit bei der Firma Kunze & Co. entwickelt?
Sehen Sie sich die Grafik an und sprechen Sie. Die Verben aus der Tabelle und die Redemittel unten helfen Ihnen.

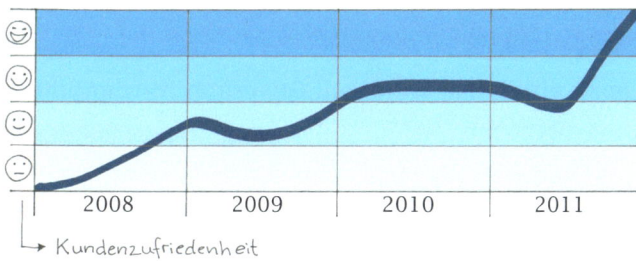

Die Grafik zeigt,	dass sich die Kundenzufriedenheit insgesamt … .
Aus der Grafik geht hervor,	dass die Kundenzufriedenheit 20… .
Wie man sehen kann,	ist/hat die Kundenzufriedenheit … .

5 Wie hat sich Ihr Betrieb / Ihre Firma in den letzten Jahren entwickelt?
Wählen Sie drei Themen aus. Machen Sie zu jedem Thema eine kleine Skizze (Grafik) und erzählen Sie.

> der Umsatz • der Absatz • die Zahl der Mitarbeiter / der Auszubildenden (Azubis) /
> der Aufträge / der Überstunden / der Arbeitsunfälle / der Reklamationen / der …

Schritte plus im Beruf

Schritte plus 5/7

Konflikte am Arbeitsplatz

1 Hören Sie die Gespräche. Worüber beschweren sich die Leute? Kreuzen Sie an.  Track 23–24

Gespräch 1:

☐ Der Kellner bringt das Essen nicht schnell genug.

☐ Die Leute müssen sehr lange warten, bis sie bestellen können.

☐ Die Leute müssen stehen, weil der Kellner ihnen keinen Platz anbietet.

Gespräch 2:

☐ Die Verkäuferin sagt dem Kunden nicht, dass ihre Kollegin den schönen Blumenstrauß gemacht hat.

☐ Der Kunde findet die Blumen nicht schön.

☐ Die Verkäuferin beschwert sich, weil ihre Kollegin so wenig Blumen verkauft.

2 Hören Sie die Gespräche noch einmal. In welchem Gespräch werden diese Sätze gesagt? Kreuzen Sie an. Track 23–24

		Gespräch 1	Gespräch 2
a	Das sehe ich nicht ganz so.	☐	☐
b	Also, das ist wirklich ein starkes Stück!	☐	☐
c	Entschuldigen Sie bitte vielmals.	☐	☐
d	Wenn es so wichtig für dich ist, dann werde ich ab jetzt daran denken.	☐	☐
e	Das finde ich jetzt aber …!	☐	☐
f	Das ist nicht mein Problem!	☐	☐
g	Tut mir leid, dass ich so reagiere …	☐	☐
h	Darf ich Ihnen in der Zwischenzeit etwas anbieten?	☐	☐

Schritte plus im Beruf

Konflikte am Arbeitsplatz

3 Ordnen Sie die Sätze aus Aufgabe 2 und aus dem Kasten zu.

> Verzeihung, ich wollte wirklich nicht, dass … • Meiner Meinung nach wäre es besser, wenn …
> Ach, so ein Quatsch! Das stimmt doch gar nicht! • Wie wäre es, wenn …
> Entschuldigen Sie bitte, dass … • Ich bin der Ansicht, dass …
> So etwas kommt gar nicht infrage! So eine Unverschämtheit! • Lassen Sie uns doch …

sich entschuldigen	seine Meinung sagen	einen Kompromiss finden / vorschlagen	seinen Ärger ausdrücken
	Das sehe ich nicht ganz so.		

4 Rollenspiel: Wählen Sie eine Situation aus und spielen Sie diese mit Ihrer Partnerin / Ihrem Partner. Die Redemittel aus Aufgabe 3 helfen Ihnen.

Sie liefern eine Pizza bei einem Kunden ab. Die Pizza ist schon etwas kalt geworden, weil Sie im Stau stehen mussten. Bieten Sie dem Kunden an, dass er dafür nicht den vollen Preis zahlen muss.

Sie arbeiten in einer Bäckerei. Ihre Kollegin ist Raucherin und macht deshalb häufig Pausen. Sie haben das Gefühl, dass Sie allein die meiste Arbeit machen müssen.

Sie haben eine Pizza bestellt. Als der Pizza-Service Ihnen endlich die Pizza bringt, merken Sie, dass die Pizza kalt ist. Sie sind ärgerlich.

Ihre Kollegin meint, dass Sie zu oft Pause machen. Weil Sie aber oft früher mit der Arbeit anfangen und abends später aufhören, finden Sie nicht, dass Sie weniger als die Kollegin arbeiten.

Schritte plus im Beruf

Einen Vortrag hören und dabei das Wichtigste notieren

Herr Dr. Braun ist Karriereberater und gibt jungen Menschen, die eine neue Stelle antreten, Tipps für den Berufseinstieg.

1 Was denken Sie: Welche Tipps könnte Herr Dr. Braun Berufsanfängern geben? Sammeln Sie.

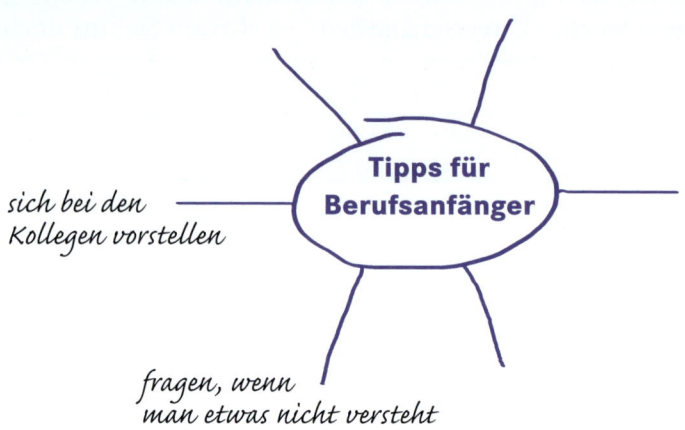

2 Hören Sie den Vortrag und machen Sie Notizen: Welche drei Tipps gibt Herr Dr. Braun? Track 25

Erster Tipp: _____

Zweiter Tipp: _____

Dritter Tipp: _____

3 Hören Sie den Vortrag noch einmal. Was sollen nach Ansicht von Herrn Dr. Braun Berufsanfänger tun / nicht tun? Warum? Ergänzen Sie die Tabelle. Track 25

Was sollen Berufsanfänger tun / nicht tun?	**Warum** sollen sie das tun / nicht tun?
Arbeitsabläufe, Hierarchien und Spielregeln kennenlernen *...*	*einen Überblick bekommen* *...*

Schritte plus im Beruf

Einen Vortrag hören und dabei das Wichtigste notieren

4 Arbeiten Sie mit Ihrer Partnerin / Ihrem Partner und erklären Sie die Tipps noch einmal. Ihre Notizen aus Aufgabe 3 helfen Ihnen dabei.

> Zuerst sollen Berufsanfänger Arbeitsabläufe, Hierarchien und Spielregeln einer Firma kennenlernen, um so einen Überblick zu bekommen und sich orientieren zu können.

5 Wie finden Sie die folgenden Tipps für Berufsanfänger? Nehmen Sie Stellung. Die Redemittel unten helfen Ihnen dabei.

a Tragen Sie als Berufsanfänger in der ersten Zeit besonders gute und teure Kleidung, damit die anderen sehen, wie wichtig Sie sind.

c Halten Sie sich körperlich fit, denn das kann Vorteile im Job bringen.

b Seien Sie immer pünktlich und höflich!

d Je mehr Sie über sich erzählen, desto schneller bekommen Sie private Kontakte.

e Surfen Sie viel im Internet, um zu zeigen, wie beschäftigt Sie sind.

f Rufen Sie Ihre Familie und Ihre Freunde während der Arbeitszeit nur dann an, wenn es wirklich nötig ist.

g Bringen Sie einer netten Kollegin Blumen mit, um ihr zu zeigen, dass Sie sie sympathisch finden.

h Sehen Sie nachmittags öfter auf die Uhr, damit Sie das Ende der Arbeitszeit nicht verpassen.

Etwas gut finden

Tipp ... finde ich gut, denn ... .
Mit Tipp ... stimme ich voll überein, weil ... .
Ja, das würde ich auch so sehen.

Etwas nicht gut finden

Mit Tipp ... bin ich überhaupt nicht einverstanden, weil ... .
Tipp ... stimme ich absolut nicht zu, denn ... .
Tipp ... ist doch Unsinn!
Das sehe ich aber ganz anders!

Etwas nicht gut, aber auch nicht ganz schlecht finden

Dem kann ich nicht ganz zustimmen, weil ... .
Bei Tipp ... habe ich so meine Zweifel, denn ... .

Schritte plus im Beruf

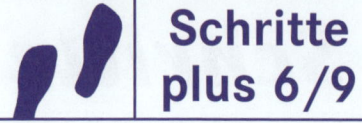

Über Waren und Dienstleistungen schriftlich Auskunft geben

1 Was passt? Arbeiten Sie mit Ihrer Partnerin / Ihrem Partner und kreuzen Sie an.
(Mehrere Kreuze pro Zeile sind möglich.)

	(der) Lieferschein	(die) Quittung	(die) Anfrage	(die) Rechnung	(das) Angebot
Frage nach Preis, Lieferbedingungen, Termin					
Absender: Kunde, Adressat: Firma					
Absender: Firma, Adressat: Kunde					
Auflisten von Preis, Menge, Termin, Bedingungen					
Bestätigung, dass die Ware angekommen, montiert etc. wurde					
Kunde muss unterschreiben					
Für die Firma					
Zeigt den Preis, der bezahlt werden muss					
Angabe von Kontonummer und Bankverbindung					
Bestätigt, dass bezahlt wurde					
Für den Kunden					

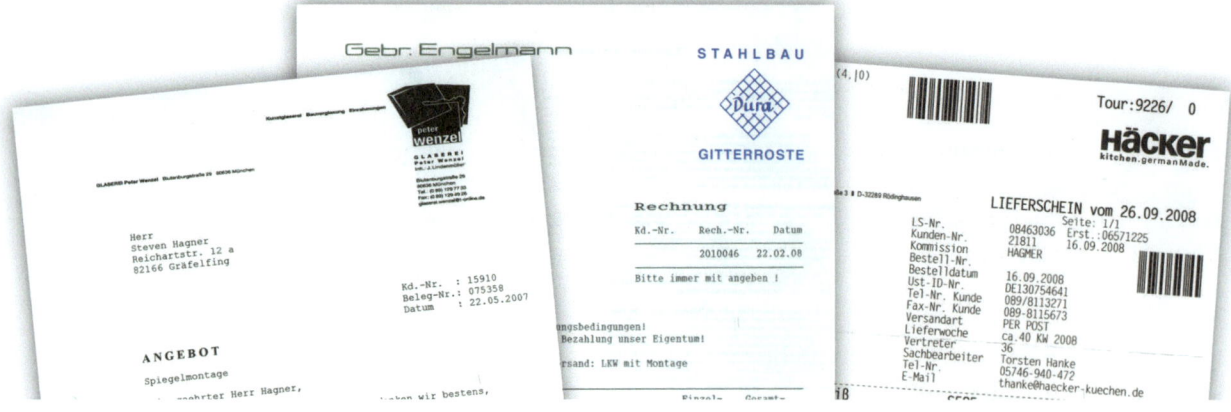

Schritte plus im Beruf

Schritte plus 6/9

Über Waren und Dienstleistungen schriftlich Auskunft geben

2 Sehen Sie sich die verschiedenen Schriftstücke an und ergänzen Sie.

die Quittung • die Rechnung • der Lieferschein • das Angebot • die Anfrage

a _____

Bürotechnik Wunsch • Oskar-Müller-Str. 12 • 80672 München
Tel. 089/ 534782-0 • Fax 089/ 534782-24 • E-Mail: bürotechnik.wunsch@gmx.de

Fa. Avanti
Herrn Koos
Schneiderstr. 7
80123 München

Belegnummer: C28390
Kundennummer: 2783
Mitarbeiter: Schimanski
Datum: 20.09.20..

Sehr geehrter Herr Koos,
wir freuen uns, Ihnen folgendes Angebot machen zu können:

Pos.	Beschreibung	Menge	Einheit	UST-Satz	E-Preis	G-Preis
01	Panish Kopierer G6379X	1,00	Stück	19 %	2745,00 €	2745,00 €
02	Montage und Anschluss	1,00	Pau	19 %	20,00 €	20,00 €

Der Umsatzsteuerbetrag setzt sich wie folgt zusammen:
19% = 525,35 €

Summe (netto) 2239,65 €
Summe (brutto) 2765,00 €
Enth. MwSt 525,35 €
Summe gesamt **2765,00 €**

Zahlungsbedingungen: Die gelieferte Ware bleibt bis zur vollständigen Bezahlung unser Eigentum.

---

b _____

Fahrschule Avanti • Schneiderstr. 7 • 80123 München

Bürotechnik Wunsch
Oskar-Müller-Str. 12
80672 München

München, 18.09.20..

Sehr geehrte Damen und Herren,

bitte senden Sie uns das mit Herrn Schimanski am Telefon besprochene Angebot für ein Kopiergerät schriftlich zu. Ergänzen Sie bitte auch den Preis für die Montage und den Anschluss.
Vielen Dank im Voraus.

Mit freundlichen Grüßen

Maximilian Koos

Schritte plus im Beruf

Schritte plus 6/9

Über Waren und Dienstleistungen schriftlich Auskunft geben

c _____

Bürotechnik Wunsch • Oskar-Müller-Str. 12 • 80672 München
Tel. 089/ 534782-0 • Fax 089/ 534782-24 • E-Mail: bürotechnik.wunsch@gmx.de

Fa. Avanti
Herrn Koos
Schneiderstr. 7
80123 München

Belegnummer: C28390
Kundennummer: 2783
Datum: 20.09.20..

Artikelnummer	Produkt	Menge
20993	Panish Kopierer G6379X	1,00
70032	Montage und Anschluss	1 Std.
98246	Entsorgung altes Gerät	

Ordnungsgemäßen Empfang oben stehender Ware/Leistungen bestätigt:

_____   _____
Datum, Unterschrift Kunde   Monteur

---

d _____

Bürotechnik Wunsch • Oskar-Müller-Str. 12 • 80672 München
Tel. 089/ 534782-0 • Fax 089/ 534782-24 • E-Mail: bürotechnik.wunsch@gmx.de

Fa. Avanti
Herrn Koos
Schneiderstr. 7
80123 München

Kundennummer: 2783
Rechnungsnummer: 00 / 22378
Datum: 25.09.20..

Menge	Produkt	Einzelpreis	Gesamtpreis
1	Panish Kopierer G6379X	2745,00 €	2745,00 €
1	Montage/Anschluss	20,00 €	20,00 €
1	Entsorgung	0,00 €	0,00 €
	Enth. MwSt.19%		525,35 €
	Rechnungsbetrag		**2765,00 €**

Bitte bezahlen Sie die Rechnung innerhalb von 14 Tagen ohne Abzug!
Postbank München: BLZ 700 100 80, Konto 375 836 276

Schritte plus im Beruf

Schritte plus 6/9

Über Waren und Dienstleistungen schriftlich Auskunft geben

e _____

Bürotechnik Wunsch • Oskar-Müller-Str. 12 • 80672 München
Tel. 089/ 534782-0 • Fax 089/ 534782-24 • E-Mail: bürotechnik.wunsch@gmx.de

Fa. Avanti
Herrn Koos
Schneiderstr. 7
80123 München

Kundennummer: 2783
Rechnungsnummer: 00 / 22378
Datum: 05.10.20..

Menge	Produkt	Einzelpreis	Gesamtpreis
1	Panish Kopierer G6379X	2745,00 €	2745,00 €
1	Montage/Anschluss	20,00 €	20,00 €
1	Entsorgung	0,00 €	0,00 €
	Enth. MwSt.19%		525,35 €
		Rechnungsbetrag	**2765,00 €**

Der Rechnungsbetrag wurde am 02.10.20.. auf unser Konto überwiesen.

---

3 Sehen Sie die Schriftstücke in 2 noch einmal an und beantworten Sie die Fragen im Kurs.

a Wer ist der Kunde?

b Um welches Produkt geht es?

c Welche Leistungen werden noch angeboten?

d Wie wird das Geld bezahlt?

e Welche Angaben sind in der Bankverbindung?

f Wie sind die Zahlungsbedingungen?

Schritte plus im Beruf

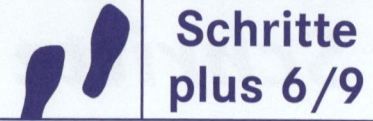

Über Waren und Dienstleistungen schriftlich Auskunft geben

4 Arbeiten Sie mit Ihrer Partnerin / Ihrem Partner und schreiben Sie.

> Sie brauchen ein neues Faxgerät. Es soll nicht mehr als 150 Euro kosten. Schreiben Sie eine Anfrage an die Firma Konen & Wetz, Wintergasse 35, 15638 Frankfurt.

> Machen Sie dem Friseursalon Kutter, Steiler Weg 26, 45367 Essen ein Angebot für fünf neue Haartrockner Black Professional 328. Ein Haartrockner kostet 47,98 Euro. Fünf Haartrockner kosten nur 209,50 Euro.

> Schreiben Sie eine Rechung über die Lieferung und den Anschluss eines PC-Bildschirms und einer Tastatur an Herrn Gottfried Otto, Holunderweg 2, 23547 Lübeck. Der PC-Bildschirm kostet 169,90 Euro, die Tastatur 47,80 Euro. Lieferung und Anschluss sind kostenlos.

Anfrage:
Wir interessieren uns für … .
In Ihrem Katalog / Ihrer Anzeige haben wir … gesehen.
Bitte senden Sie uns (deshalb) … .
Wir bitten Sie (deshalb) um die Zusendung eines Angebots.

Angebot:
Wir danken Ihnen für Ihr Interesse an … und können Ihnen folgendes Angebot machen: … .
Wir freuen uns, Ihnen folgendes Angebot machen zu können: … .
Falls Sie … , reduziert sich der Gesamtpreis und beträgt nur noch … .
Bei einer Bestellung von … können wir Ihnen einen Sonderpreis von … anbieten.

Rechnung:
Für die Lieferung eines / einer … erlauben wir uns zu berechnen: …
Wir bitten Sie, die Rechnung innerhalb von … Tagen / in den nächsten … Tagen zu bezahlen.
Bitte überweisen Sie den Rechnungsbetrag auf unser Konto.

Schritte plus im Beruf

Schritte plus 6/10

Eine Produktpräsentation hören und selbst ein Produkt präsentieren

1 Der Föhn. Ergänzen Sie die Wörter.

> der Schalter • das Zubehör / der Aufsatz • der Griff • das Firmenlogo • der Motor

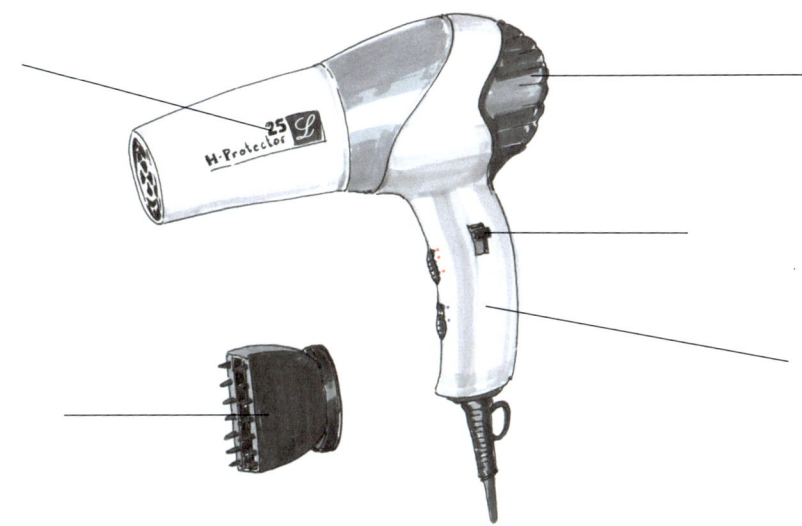

Herr Felten arbeitet bei einer Firma, die Haartrockner herstellt. Als Produktentwickler stellt er den Mitarbeitern der Vertriebsabteilung das neue Modell, den H-Protector 25, vor.

2 Hören Sie die Produktpräsentation. Richtig oder falsch? Kreuzen Sie an. Track 26

		richtig	falsch
a	Herr Felten spricht vor allem über drei Dinge, die an dem H-Protector 25 neu sind.	☐	☐
b	Der neue Föhn ist für verschiedene Haartypen geeignet.	☐	☐
c	Der H-Protector 25 ist im Vergleich zu anderen Haartrocknern immer noch zu laut.	☐	☐
d	Der Ein- und Ausschalter des neuen Föhns ist da, wo er vorher auch war.	☐	☐
e	Das Firmenlogo ist jetzt gut sichtbar.	☐	☐
f	Die Farbwahl ist noch nicht entschieden.	☐	☐

Schritte plus im Beruf

Schritte plus 6/10

Eine Produktpräsentation hören und selbst ein Produkt präsentieren

3 Hören und lesen Sie die Produktpräsentation. Markieren Sie im Text wichtige Wörter und Wendungen für eine Produktpräsentation und ordnen Sie diese in die Tabelle unten ein. *Track 26*

Liebe Kolleginnen und Kollegen,

wie Sie wissen, haben wir im letzten Jahr einen neuen Föhn entwickelt – den H-Protector 25. Ich möchte Ihnen heute gerne die Neuheiten dieses Produkts vorstellen. Dabei gehe ich vor allem auf drei Punkte ein, und zwar auf
- die Erweiterung des Zubehörs
- die Reduzierung des Motorengeräusches sowie
- die Weiterentwicklung des Designs

Zu Punkt eins: Als wir mit der Entwicklung unseres neuen Föhns angefangen haben, haben wir immer wieder von Ihnen gehört, dass sich unsere Kunden einen besonderen Aufsatz wünschen. Mit dem Aufsatz, den Sie hier sehen, lässt sich sowohl glattes als auch lockiges Haar leicht föhnen.
Zweitens: Sie kennen das Problem: Unsere Kunden wünschen sich ein immer noch leiseres Gerät. Deshalb hat unsere Abteilung für technische Entwicklung das Motorengeräusch deutlich reduziert. Das ist übrigens ein klarer Vorteil des H-Protectors 25 gegenüber anderen Haartrocknern: Denn einen leiseren Föhn gibt es zurzeit nicht auf dem Markt.
Auch was das Design betrifft – und damit sind wir beim dritten Punkt – haben wir den H-Protector 25 weiterentwickelt: Der Griff liegt nicht nur gut in der Hand, sondern sieht auch schick aus. Außerdem befindet sich der Ein- und Ausschalter nun dort, wo er besonders leicht mit dem Daumen zu bedienen ist.
Auch die Platzierung unseres Firmenlogos hat sich etwas geändert: Es befindet sich jetzt auf beiden Seiten des Föhns und ist damit viel auffälliger. Und nun zum letzten Punkt in Sachen Design: Weil unseren Statistiken zufolge die Farbe Silber in diesem Jahr sehr beliebt ist, haben wir uns für einen silbernen H-Protector 25 entschieden.
Nun, ich hoffe, dass Sie unsere Kunden von dem neuen Föhn aus unserem Haus überzeugen können. Wenn Sie noch irgendwelche Fragen oder Anregungen haben, dann ist jetzt der richtige Zeitpunkt dafür …

den Kontakt zu den Zuhörern herstellen	erklären, worüber man sprechen möchte	verschiedene Dinge aufzählen
Wie Sie wissen, …	*Ich möchte Ihnen gerne … vorstellen.*	*Zu Punkt eins:*

Schritte plus im Beruf

Eine Produktpräsentation hören und selbst ein Produkt präsentieren

4 Ein Produkt Ihres Betriebs / Ihrer Firma

a Was für Produkte bietet Ihr Betrieb / Ihre Firma an?

> Unsere Firma stellt … her. / bietet … an.
> Unser Betrieb produziert / fertigt / macht … .
> Ich bin verantwortlich / zuständig für … .

b Präsentieren Sie nun selbst ein Produkt.
- Notieren Sie zunächst in Stichpunkten, was an dem Produkt neu ist.
- Die Redemittel aus Aufgabe 3 helfen Ihnen bei der Präsentation.

Schritte plus im Beruf

Über Regelungen am Arbeitsplatz sprechen

1 Arbeiten Sie mit Ihrer Partnerin / Ihrem Partner. Welche zusammengesetzten Wörter finden Sie?

MUTTERSCHUTZARBEITGEBERKRANKMELDUNGARBEITSUNFÄHIGKEITAR
BEITNEHMERPERSONALBÜROARBEITSPLATZGEBURTSTERMINFREISTELLUNG

2 Was bedeuten diese Wörter?
Sprechen Sie.

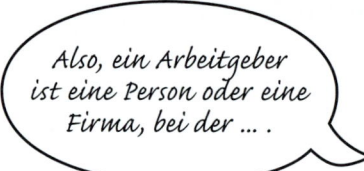

Also, ein Arbeitgeber ist eine Person oder eine Firma, bei der … .

3 Lesen Sie die Texte. Was haben Sie verstanden? Sprechen Sie im Kurs.

> **TIPP:** Beim Lesen dieser schwierigen Texte müssen Sie nicht jedes Wort verstehen. Wichtig ist, dass Sie die „Hauptaussage" des Textes verstehen (selektives Lesen).

MUTTERSCHUTZ

Alle Frauen, die in einem Arbeitsverhältnis stehen, genießen während der Schwangerschaft und nach der Geburt ihres Kindes einen besonderen Schutz.
Das Mutterschutzgesetz (MuSchG) schützt die schwangere Frau und die Mutter grundsätzlich vor Kündigung und in den meisten Fällen auch vor vorübergehender Minderung des Einkommens. Es schützt darüber hinaus die Gesundheit der (werdenden) Mutter und des Kindes am Arbeitsplatz.
Die gesetzliche Mutterschutzfrist beginnt sechs Wochen vor dem berechneten Geburtstermin und endet regulär acht Wochen nach der Geburt des Kindes. Arbeitnehmerinnen haben demnach einen Anspruch auf eine Mutterschutzfrist von insgesamt mindestens 14 Wochen.

FREISTELLUNG

Unter bestimmten Umständen dürfen Arbeitnehmer zu Hause bleiben. Neben eigener Krankheit zählen dazu auch die Pflege eines erkrankten Kindes und Todesfälle in der Familie.

KRANKMELDUNG

Im Krankheitsfall muss der Arbeitgeber noch am ersten Krankheitstag informiert werden. Bei einer längeren Erkrankung führt auch an der ärztlichen Bescheinigung der Arbeitsunfähigkeit kein Weg vorbei. Diese muss spätestens am dritten Tag der Arbeitsunfähigkeit beim Arbeitgeber eingehen. Wenn der Arbeitgeber das ausdrücklich will, darf er die Bescheinigung auch früher verlangen.

Schritte plus im Beruf

Über Regelungen am Arbeitsplatz sprechen

4 Hören Sie die drei Gespräche. Welches Gespräch passt zu welchem Text aus Aufgabe 3? Ergänzen Sie. *Track 27-29*

TIPP: Falls Sie Fragen zu Ihren Rechten und Pflichten am Arbeitsplatz haben, gehen Sie ins Personalbüro oder zum Betriebsrat. Dort wird Ihnen geholfen.

Gespräch 1: Text _____   Gespräch 2: Text _____   Gespräch 3: Text _____

5 Hören Sie die Gespräche noch einmal: Welche Fragen und Probleme haben Frau Pittioni, Herr Singh und Frau Marik? Welche Lösungen hat Herr Koch dafür? *Track 27-29*

6 Machen Sie Rollenspiele. Die Informationen, wie die verschiedenen Dinge geregelt sind, und die Redemittel auf der nächsten Seite helfen Ihnen dabei.

Wie ist die Urlaubsregelung an Weihnachten und Silvester? Sind diese Tage normale Arbeitstage oder haben alle frei? Fragen Sie im Personalbüro nach.

Sie sind neu in der Firma und wissen nicht, was für Ihren Arbeitsschutz getan wird. Informieren Sie sich.

Sie sind operiert worden und müssen drei Wochen zu Hause bleiben. Erkundigen Sie sich, ob Sie Ihren Lohn trotzdem weiter ausbezahlt bekommen.

Schritte plus im Beruf

Über Regelungen am Arbeitsplatz sprechen

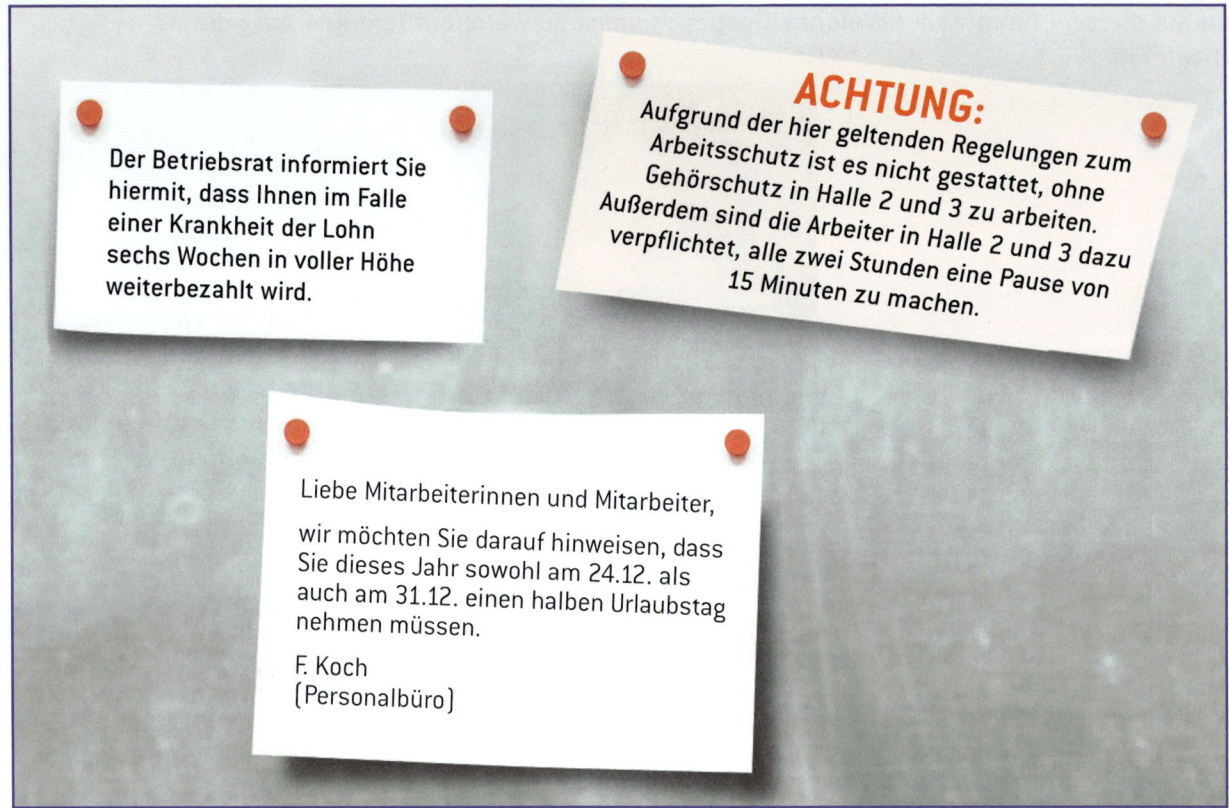

Entschuldigung, ich hätte da eine Frage: … .
Könnten Sie mir vielleicht weiterhelfen?
Darf ich Sie etwas fragen?
Ich würde gerne wissen, ob …?

Wie war das noch einmal?
Ich weiß nicht, ob ich das richtig verstanden habe.
Entschuldigen Sie, ist es richtig, dass …?

Herzlichen Dank für die Auskunft!
Jetzt weiß ich Bescheid!
Aha, so ist das also!

7 Welche Regelungen, Rechte und Pflichten für Arbeitnehmer gibt es in Ihrem Land?

Schritte plus im Beruf

Sich über Weiterbildungsmöglichkeiten beraten lassen

1 Haben Sie schon einmal an einer beruflichen Fort- oder Weiterbildung teilgenommen? Erzählen Sie im Kurs.

Was für eine Fort- oder Weiterbildung?

Warum?

Wann?   Wo?   ?   Erfolgreich?

Finanziellle Hilfe durch wen?   Kosten?   Wie lange?

2 Lesen Sie die Aussagen. Hören Sie dann das Gespräch. Was ist richtig? Kreuzen Sie an.

a Frau Stürmer hat als Sekretärin gearbeitet und ihre Stelle verloren. Sie möchte eine Fortbildung machen, um ihre Chancen auf dem Arbeitsmarkt zu verbessern. ☐

b Frau Stürmer ist mit ihrer Arbeit unzufrieden. Sie möchte sich fortbilden, damit sie in Zukunft auch verantwortungsvollere Tätigkeiten übernehmen kann. ☐

c Frau Ludwig empfiehlt Frau Stürmer eine Ausbildung zur Sekretärin, weil sie dann alles lernt, was sie in diesem Beruf wissen muss. ☐

d Frau Ludwig stellt Frau Stürmer verschiedene Weiterbildungsmöglichkeiten vor. Frau Stürmer findet einen berufsbegleitenden Kurs am interessantesten. ☐

e Frau Ludwig ist der Meinung, dass Frau Stürmer kein Praktikum machen sollte, da sie schon viel Berufserfahrung hat. ☐

3 Was erfahren Sie über die Fortbildung, für die sich Frau Stürmer besonders interessiert? Hören Sie das Gespräch noch einmal und ergänzen Sie.

Kurs / Kursinhalte	Ort / Tag / Uhrzeit / Dauer	Kosten / Förderung	Chancen nach dem Kurs

Schritte plus im Beruf

Schritte plus 6/12

Sich über Weiterbildungsmöglichkeiten beraten lassen

4 Arbeiten Sie mit Ihrer Partnerin / Ihrem Partner. Wählen Sie eine Rolle und lesen Sie den Text dazu. Spielen Sie das Beratungsgespräch. Tauschen Sie dann die Rollen.

Rollenspiel A:

Interessent/-in:	Berater/-in:
Sie möchten eine Fortbildung im Bereich Büroorganisation / Sekretariat machen. Nennen Sie Gründe, warum. Informieren Sie sich darüber, welche Art von Fortbildung Sie machen könnten und was Sie dort lernen würden. Erkundigen Sie sich auch nach der Dauer, dem Ort und den Kosten der Fortbildung. Sie interessieren sich auch dafür, ob Sie einen Abschluss machen und finanzielle Hilfe bekommen könnten. Fragen Sie auch, welche Kenntnisse Sie brauchen, um die Fortbildung machen zu können.	Sie können folgende Maßnahme empfehlen: **Bildungsart:** Fortbildung mit staatlicher Prüfung **Teilnehmer:** Sachbearbeiter/-innen im Sekretariat **Ort / Zeiten:** FORUM Berufsbildung (Essen) / samstags 8:30 – 16:00 Uhr **Beginn / Dauer:** 1. Mai / 10 Monate, inkl. 2 Monate Praktikum **Kosten:** 1850 Euro **Inhalte:** Wie entlaste ich meine Chefin/meinen Chef? Wie schreibe ich Briefe, Zeugnisse und andere Texte? Wie kann ich Informationen schnell aufnehmen und mir merken? Wie führe ich Gespräche professionell? **Abschluss:** Abschluss (Industrie- u. Handelskammer) **Das bringen Sie mit:** Mittlere Reife, 2 Jahre berufliche Praxis **Finanzielle Hilfe:** Bei einer Arbeitsagentur beantragen

Rollenspiel B:

Interessent/-in:	Berater/-in:
Sie möchten sich selbstständig machen. Damit Sie Erfolg haben, hat Ihnen ein Bekannter ein Seminar für Existenzgründer empfohlen. Erkundigen Sie sich, was man dort lernt, wann das Seminar stattfindet und wie viel die Teilnahme daran kostet. Informieren Sie sich auch, ob Sie einen Abschluss machen können und ob es Fördermöglichkeiten gibt.	Sie können folgende Maßnahme empfehlen: **Bildungsart:** Seminar **Teilnehmer:** Existenzgründer aus allen Branchen **Ort / Zeiten:** Duisburg, 17.00 – 21.30 Uhr (4 Stunden), 1. Juli **Kosten:** 98 Euro **Inhalte:** Was ist ein Business-Plan? Wie formuliere ich meine Geschäftsidee? Wie analysiere ich die Marktsituation? Wie finanziere ich meine Existenzgründung? Wie groß wird der Umsatz sein? **Abschluss:** – **Das bringen Sie mit:** – **Finanzielle Hilfe:** –

5 Was für eine Aus- oder Fortbildung möchten Sie machen? Wo wird diese angeboten und was lernen Sie da? Erzählen Sie im Kurs.

Schritte plus im Beruf

Arbeitsdokumenten (Vertrag, Kündigung) wichtige Informationen entnehmen

1 Überfliegen Sie den Arbeitsvertrag und ergänzen Sie die Überschriften.

> Arbeitszeit und Urlaub • Allgemeines • Tätigkeit und Aufgaben • Vertragsdauer und Kündigung • ~~Vergütung~~ • Regelung im Krankheitsfall

Sehr geehrte Frau Dobbs,

wir nehmen Bezug auf die mit Ihnen geführten Gespräche und stellen Sie unter folgenden Bedingungen ein:

§ 1 _____
Sie sind für uns als Sprachentrainerin an unserem Standort in Hannover tätig.
Ihnen obliegen folgende Aufgaben:
- Organisation und Durchführung von Deutsch- und Englischkursen
- Unterrichtende und beratende Tätigkeit
- Intensive Betreuung der Kursteilnehmer

§ 2 _*Vergütung*_
Ihr monatliches Bruttogehalt beträgt 2.100,00 Euro. Das Gehalt wird monatlich nachträglich bargeldlos auf ein von Ihnen angegebenes Konto überwiesen.

§ 3 _____
Das Arbeitsverhältnis beginnt am 01.09. diesen Jahres und ist bis zum 31.08. nächsten Jahres befristet. Das Arbeitsverhältnis endet automatisch, ohne dass es einer Kündigung bedarf. Durch die Befristung ist das Recht zur fristgerechten Kündigung nicht ausgeschlossen. Die Kündigungsfrist beträgt einen Monat zum Monatsende und muss schriftlich erfolgen. Die Probezeit ist die Zeit vom 01.09. bis zum 01.12. diesen Jahres.

§ 4 _____
Ihre wöchentliche Arbeitszeit beträgt 37,5 Stunden.
Ihr Urlaubsanspruch von 01.09. bis 31.12. in diesem Jahr: 10 Tage
Ihr Urlaubsanspruch von 01.01. bis 31.08. im nächsten Jahr: 20 Tage

§ 5 _____
Bei Erkrankung ist uns unverzüglich Mitteilung zu machen und eine ärztliche Bescheinigung innerhalb von 3 Tagen vorzulegen.

§ 6 _____
Außer den in diesem Vertrag festgelegten Vereinbarungen wurden keine sonstigen Abreden getroffen. Änderungen oder Ergänzungen dieses Vertrages bedürfen der schriftlichen Form.

§ 7 Erfüllungsort und Gerichtsstand: Hannover

Wir bitten Sie, Ihr Einverständnis mit dem Inhalt des Schreibens durch Ihre Unterschrift zu bestätigen und an uns zurückzuschicken. Die beigefügte Kopie des Vertrags ist für Ihre Unterlagen.

Schritte plus im Beruf

Arbeitsdokumenten (Vertrag, Kündigung) wichtige Informationen entnehmen

2 Lesen Sie den Arbeitsvertrag und kreuzen Sie an: Was ist richtig?

a ☐ Frau Dobbs braucht nur Sprachkurse zu organisieren und Deutsch und Englisch zu unterrichten.
b ☐ Neben der Organisation von Sprachkursen und dem Sprachunterricht hat Frau Dobbs auch noch andere Aufgaben.

c ☐ Frau Dobbs arbeitet erst vier Wochen und bekommt dann ihr Gehalt.
d ☐ Frau Dobbs bekommt ihr Gehalt dann, wenn sie mit der Arbeit beginnt.

e ☐ Die Firma zahlt Frau Dobbs das Gehalt in bar.
f ☐ Frau Dobbs bekommt ihr Gehalt per Überweisung auf ihr Konto.

g ☐ Der Arbeitsvertrag für Frau Dobbs gilt bis nächstes Jahr Ende August.
h ☐ Der Arbeitsvertrag für Frau Dobbs gilt nur bis 1. Dezember diesen Jahres.

i ☐ Frau Dobbs muss am 30. Juli kündigen, weil ihr Vertrag nur bis Ende August gilt und die Kündigungsfrist vier Wochen beträgt.
j ☐ Frau Dobbs braucht nicht zu kündigen, wenn sie bis Ende August bleibt.
k ☐ Wenn Frau Dobbs ab 1. März nicht mehr arbeiten möchte, sollte sie ihre Kündigung Ende Januar schreiben und wegschicken.
l ☐ Wenn Frau Dobbs ab 1. März nicht mehr arbeiten möchte, muss sie Ende Februar Bescheid geben.

m ☐ Frau Dobbs hat in 12 Monaten 20 Tage Urlaub.
n ☐ Frau Dobbs hat von Anfang September bis Ende Dezember zwei Wochen Urlaub.

o ☐ Wenn Frau Dobbs krank ist, muss sie das sofort melden und nach drei Tagen eine Krankmeldung schicken.
p ☐ Wenn Frau Dobbs krank ist, muss sie sich spätestens am dritten Tag krankmelden.

q ☐ Wenn Frau Dobbs Aufgaben übernehmen soll, die nicht im Vertrag stehen, muss dieser geändert werden.
r ☐ Wenn Frau Dobbs Aufgaben übernehmen soll, die nicht im Vertrag stehen, muss dieser nicht geändert werden.

s ☐ Frau Dobbs muss die Kopie unterschreiben und an den Arbeitgeber zurückschicken.
t ☐ Frau Dobbs muss den Vertrag unterschreiben und zurückschicken. Die Kopie des Vertrags ist für sie.

Schritte plus im Beruf

Schritte plus 6/13

Arbeitsdokumenten (Vertrag, Kündigung) wichtige Informationen entnehmen

3 Was erfahren Sie über die Arbeit von Frau Dobbs? Sprechen Sie.

Aufgaben?   Verdienst?

Arbeitszeit?   Urlaub?

Kündigungsfristen?   ?

4 Zwei Monate nach Arbeitsbeginn wird Frau Dobbs gekündigt. Warum?
Lesen Sie und antworten Sie mit eigenen Worten.

> Sehr geehrte Frau Dobbs,
>
> mit diesem Schreiben teilen wir Ihnen mit, dass Sie fristlos entlassen sind. Unsere Kündigungsgründe sind folgende:
>
> 1. Trotz häufiger Abmahnungen[1] sind Sie in den letzten Wochen mehrmals bis zu 20 Minuten zu spät zum Unterricht erschienen.
> 2. In der letzten Woche haben Sie drei Tage wegen Krankheit gefehlt, es allerdings unterlassen[2], uns eine Krankmeldung zu schicken. Auch das ist zum wiederholten Mal passiert und laut unserem Vertrag unzulässig.
> 3. Zudem haben Sie zwei Urlaubstage genommen, obwohl diese von der Personalabteilung noch nicht genehmigt[3] waren.
>
> Wir bedauern diese Vorfälle, sehen aber keine weitere Möglichkeit, unser Arbeitsverhältnis mit Ihnen weiterzuführen.
>
> Mit freundlichen Grüßen
>
> Jochen Grubek
> (Personalabteilung)

5 Kennen Sie weitere Kündigungsgründe? Sammeln Sie in der Gruppe.

---

1 Abmahnung die, -en: Wenn man einem Mitarbeiter / Angestellten sagt, was er falsch gemacht hat, mahnt man ihn ab.
  So hat die betreffende Person die Möglichkeit, den Fehler zu korrigieren.
2 (etwas) unterlassen, unterließ, hat unterlassen: etwas nicht machen
3 (etwas) genehmigen, genehmigte, hat genehmigt: etwas erlauben

Schritte plus im Beruf

Ein Wiederholungsspiel

1. Spielen Sie das Spiel zu dritt. Jeder Spieler braucht eine Spielfigur. Sie brauchen auch einen Würfel. Entscheiden Sie, wer anfängt.
2. Wer anfängt, würfelt. Gehen Sie so viele Felder vor, wie es die Augenzahl auf dem Würfel anzeigt.
3. Lösen Sie die Aufgabe auf dem Feld. Ihre Mitspieler entscheiden, ob die Lösung richtig ist. Wenn ja, bleiben Sie auf dem Feld stehen. Wenn die Lösung falsch ist, müssen Sie zwei Felder zurückgehen und warten, bis Sie wieder dran sind. Wenn Sie beim nächsten Mal wieder auf das Feld kommen, lösen Sie die Aufgabe noch einmal. Die anderen beiden Mitspieler dürfen Ihnen dabei helfen.
4. Jetzt ist der nächste Mitspieler dran, würfelt und löst die Aufgabe.
5. Wer auf das Feld PAUSE kommt, muss eine Runde aussetzen. Wer zuerst am Ziel ist, hat gewonnen.

5 — Welche Regelungen gibt es an Ihrem Arbeitsplatz, wenn Sie krank sind? Erzählen Sie.	6 — Welche Regelungen gibt es an Ihrem Arbeitsplatz für werdende Mütter? Erzählen Sie.
PAUSE	7 — Ergänzen Sie den Satz: Wenn man in einem Team arbeitet, ist es wichtig, … .
4 — Welche Informationen finden Sie auf einer Verdienstabrechnung? Nennen Sie drei.	PAUSE
3 — Was ist ein Beipackzettel?	8 — Welche Informationen finden Sie in einem Arbeitsvertrag? Nennen Sie drei.
2 — In einem Personalbogen steht, dass Sie Ihre Bankverbindung angeben sollen. Was bedeutet das?	9 — Sie möchten 2 Wochen Urlaub nehmen. Was müssen Sie tun?
1 — Sehen Sie sich die Grafik an. Wie haben sich die Verkaufszahlen entwickelt? Sprechen Sie.	PAUSE
START	10 — Welche Fragen sind bei einem Bewerbungsgespräch nicht erlaubt? Nennen Sie zwei.

Schritte plus im Beruf

Schritte plus 6/14

Ein Wiederholungsspiel

Sie arbeiten bei einem Fachgeschäft für Haushaltswaren. Ein Kunde ruft an, um bei Ihnen einen Föhn zu bestellen. Sie wissen nicht, ob es dieses Modell noch gibt. Was sagen Sie dem Kunden? **18**	Sie arbeiten in einem Modegeschäft. Eine Kundin hat sich einen Rock ausgesucht. An der Kasse merkt sie, dass sie kein Geld hat und erst zur Bank muss. Was schlagen Sie der Kundin vor? **19**
PAUSE	Sehen Sie sich die Grafik an. Wie hat sich die Zufriedenheit der Kunden entwickelt? **20**
Welche Themen eignen sich gut für einen Small Talk mit Kollegen? Warum? **17**	**PAUSE**
Was bedeutet „seinen Einstand geben"? **16**	Wie heißt die Abteilung, in der Sie arbeiten? **21**
Sie brauchen die Salbe *Biclar*. Bestellen Sie sie telefonisch in der Apotheke. **15**	„Für den Kollegen sammeln" – was bedeutet das? **22**
PAUSE	Sie sind in der Kantine und möchten Menü 2 (Huhn mit Reis und Soße). Soßen schmecken Ihnen nicht. Was sagen Sie? **23**
Sie rufen einen Notarzt: Natürlich müssen Sie sagen, wer Sie sind. Was müssen Sie noch sagen? **14**	**PAUSE**
Frau N. arbeitet als Filialleiterin in einem Supermarkt. Was muss sie machen? Nennen Sie drei Tätigkeiten. **13**	Herr S. arbeitet als Verkäufer an einem Obst- und Gemüsestand. Was sind seine Aufgaben? Nennen Sie drei. **24**
Buchstabieren Sie Ihren Familiennamen mit Hilfe der deutschen Buchstabiertafel. (Anton, Berta, Cäsar ...) **12**	Wofür sind Sie in Ihrer Arbeit zuständig? **25**
Sie möchten sich bei einer Firma schriftlich bewerben. Welche Bewerbungsunterlagen müssen Sie dorthin schicken? **11**	**ZIEL**

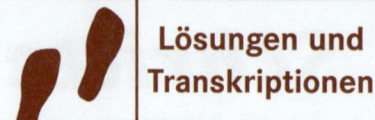

Schritte plus im Beruf

Lösungen und Transkriptionen

zu Seite 5 bis Seite 7: Über die Arbeitsverteilung in einem Team sprechen

1 So, Herr Kada, und jetzt möchte ich Ihnen erst einmal Ihre Kolleginnen und Kollegen vorstellen: Also ... Das sind Frau Öztürk und Frau Portone. Beide Damen arbeiten an der Kasse. Das ist Herr Müller – er ist unser Mann für Fleisch, Wurst und Käse. Herrn Ehlinger finden Sie bei den Getränken und Frau Spaijć räumt die Waren in die Verkaufsregale. Dieser junge Mann hier ist unsere Aushilfe. Sein Name ist Thomas Kahn. Und das ist Frau Sarkowski: Sie putzt hier jeden Abend. Ach und da kommt ja auch Frau Hanuz aus dem Personalbüro. Wenn Sie krank sind oder Fragen zu Ihrer Verdienstabrechnung haben, dann wenden Sie sich bitte an Frau Hanuz. Nun ... meinen Namen kennen Sie ja sicher schon ... Ich heiße Bauer und bin die Filialleiterin.

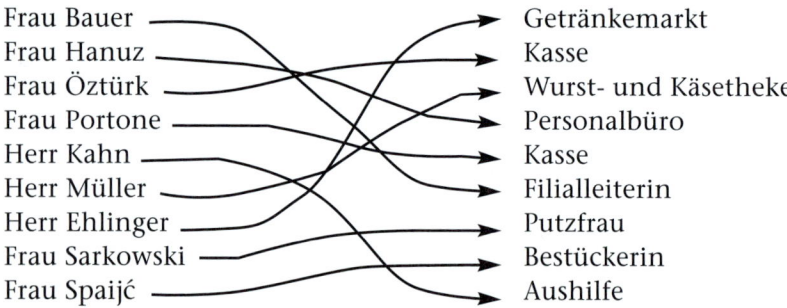

2

Wer verkauft die Getränke?	Herr Ehlinger verkauft Getränke.
Wer macht die Urlaubsplanung?	Die Urlaubsplanung macht Frau Bauer oder Frau Hanuz.
Wer räumt die Regale ein?	Frau Spaijć räumt die Regale ein.
Wer verkauft Wurst?	Herr Müller verkauft Wurst.
Wer putzt die Filiale?	Frau Sarkowski putzt die Filiale.
Wer macht die Verdienstabrechnung?	Das macht Frau Hanuz.
Wer ist für alles verantwortlich?	Frau Bauer ist für alles verantwortlich.
Wer hilft mit?	Thomas Kahn. Er ist die Aushilfe.
Wer nimmt die leeren Flaschen zurück?	Herr Ehlinger nimmt die leeren Flaschen zurück.
Wer schneidet den Käse auf?	Herr Müller schneidet den Käse auf.
Wer bestellt neue Ware?	Neue Ware bestellt Frau Bauer.
Wer macht den Laden am Morgen auf?	Frau Bauer macht den Laden am Morgen auf.
Wer macht den Laden am Abend zu?	Frau Sarkowski macht den Laden am Abend zu.
Wer nimmt Beschwerden entgegen?	Frau Bauer, Frau Öztürk und Frau Portone nehmen Beschwerden entgegen.
Wer zeichnet die Waren aus?	Frau Spaijć zeichnet die Waren aus.

Schritte plus im Beruf

Lösungen und Transkriptionen

zu Seite 5 bis Seite 7: Über die Arbeitsverteilung in einem Team sprechen

3

- ◆ Hallo Frau Spaijć. Ich bin Istvan Kada, Ihr neuer Kollege.
- ■ Guten Morgen, Herr Kada. Freut mich.
- ◆ Äh ... Was genau ist noch einmal Ihre Aufgabe?
- ■ Ich arbeite hier als Bestückerin. Das heißt, ich hole die Waren aus dem Lager und räume sie in die richtigen Regale ein. Ich zeichne die Waren auch aus. Außerdem bringe ich die Verpackungskartons zum Container und helfe Herrn Ehlinger im Getränkemarkt.
- ◆ Machen Sie das alles allein?
- ■ Nicht immer. Manchmal arbeitet Thomas Kahn bei mir, unsere Aushilfe. Na ja, und Sie helfen in Zukunft ja auch mit, oder?
- ◆ Ja, richtig. Auf gute Zusammenarbeit also!
- ■ Auf gute Zusammenarbeit. Wir können uns übrigens auch gleich duzen. Ich heiße Milena.
- ◆ Gerne, mein Name ist Istvan.

a Frau Spaijć räumt die Kartons ein. ☐
b Sie hilft auch bei den Getränken aus. ☒
c Frau Spaijć arbeitet alleine. ☐
d Herr Kada und sie arbeiten bald zusammen. ☒
e Herr Kada kann zu Frau Spaijć „du" sagen. ☒

5

- Sie räumen Lebensmittel ein.
- Sie putzen Fenster.
- Sie helfen an der Kasse aus.
- Sie nehmen leere Flaschen zurück.
- Sie entsorgen die Kartons.
- Sie beantworten Kundenfragen.
- Sie zeichnen Waren aus.

Schritte plus im Beruf

Lösungen und Transkriptionen

zu Seite 8 bis Seite 9: Telefonisch um Auskunft bitten

2

a Wilhelm – Emil – Berta – Emil – Richard,
Ludwig – Anton – Ulrich – Richard – Anton
Weber, Laura

b Zeppelin – Ida – Ludwig – Ida – Nordpol – Siegfried – Konrad – Ida,
Anton – Nordpol – Dora – Richard – Emil – Anton
Zilinski, Andrea

c Schule – Wilhelm – Ärger – Richard – Martha – Emil – Richard,
Heinrich – Emil – Ludwig – Martha – Ulrich – Theodor
Schwärmer, Helmut

d Martha – Übermut – Ludwig – Ludwig – Emil – Richard,
Gustav – Emil – Richard – Theodor – Richard – Ulrich – Dora
Müller, Gertrud

Weber, Zilinski, Schwärmer und Müller sind Nachnamen. Laura, Andrea, Helmut und Gertrud sind Vornamen.

3

Die gewünschte Rufnummer lautet: 7836620
Die Vorwahl lautet: 040.

4

- Telefonauskunft, Frank. Was kann ich für Sie tun?
- Guten Tag! Ich brauche die Telefonnummer von Rosa Meier, bitte.
- Buchstabieren Sie den Namen, bitte!
- Martha – Emil – Ida – Emil – Richard, Meier und der Vorname: Richard – Otto – Siegfried – Anton, Rosa.
- Und die Adresse?
- Brunnenweg 17 in München.
- Die Telefonnummer wird angesagt. Möchten Sie dann verbunden werden?
- Nein danke.
- Ich danke Ihnen. Auf Wiederhören.
- Die Rufnummer lautet: 3267715. Die Vorwahl lautet: 089.

Tipp: Weisen Sie Ihre Kursteilnehmerinnen und Kursteilnehmer darauf hin, dass es in den deutschsprachigen Ländern üblich ist, sich am Telefon mit seinem Namen zu melden.

Schritte plus im Beruf

Lösungen und Transkriptionen

zu Seite 10 bis Seite 11: Ein Unfall am Arbeitsplatz – Hilfe rufen

1 a Die Polizei. b Die Feuerwehr. c Den Notarzt.

2 die Feuerwehr: 112
die Polizei: 110
der Notarzt / der Rettungsdienst: 112

3 a
Die Notrufzentrale.

b
Ärztliche Hilfe holen.

4 ● Notrufzentrale. Mein Name ist Delf. Wer ist bitte am Apparat?
◆ Mein Name ist Schmidt. Ich, ich äh, mein Kollege *hatte einen Unfall*.
● Was ist passiert?
◆ Äh, mein Kollege kann nicht mehr aufstehen. Er *ist verletzt*. Sein Rücken tut weh. Sehr weh. Wir *brauchen dringend einen Arzt*.
● Wann ist der Unfall passiert?
◆ Wann? Ja, warten Sie, gerade eben, nein vielleicht vor fünf Minuten. Ach, kommen Sie bitte schnell, mein Kollege hat *starke Schmerzen*.
● Wo sind Sie?
◆ Im Lager. Äh, ich meine in der Arbeit. Bei der Firma Wetzel. Die ist *in der Industriestraße 13* in Bischberg.
● Gut. Wir schicken einen Krankenwagen in die Industriestraße 13 nach Bischberg. In 10 Minuten ist Hilfe bei Ihnen. Auf Wiederhören.
◆ Vielen Dank. Auf Wiederhören.

4b
1 Wer ist bitte am Apparat?
2 Was ist passiert?
3 Wann ist der Unfall passiert?
4 Wo sind Sie?

Schritte plus im Beruf

Lösungen und Transkriptionen

zu Seite 12 bis Seite 14: Über einen Schicht- und Einsatzplan sprechen

1

Emine Aslan: <u>Ich arbeite als Putzfrau</u> in einem großen Reisebüro. Natürlich können wir nicht tagsüber putzen. Deshalb <u>beginnt meine Arbeit erst um 19 Uhr</u>. Um 23 Uhr bin ich mit der Arbeit fertig. Dann bin ich ganz schön müde.

Carlos Blanco: Ich fahre Taxi. Das ist ganz praktisch, denn <u>ich kann meine Arbeitszeiten frei einteilen</u>. Besonders gerne <u>fahre ich nachts und am Wochenende</u>. Da sind die Straßen frei.

Jürgen Kunze: <u>Ich arbeite am Flughafen</u>. Wir arbeiten dort in drei Schichten: <u>Die Frühschicht</u> beginnt um 6 und geht bis 14 Uhr, <u>die Spätschicht</u> geht von 14 bis 22 Uhr und <u>die Nachtschicht</u> von 22 bis 6 Uhr. Ich arbeite jede Woche in einer anderen Schicht. Das ist für meine Familie und mich nicht leicht.

Piotr Hanowski: <u>Ich bin seit zehn Jahren Busfahrer</u> für Linienbusse. Wir fahren immer nur fünf Stunden. Dann ist Schluss. Ich fahre von 5 bis 10 Uhr, von 10 bis 15 Uhr, von 15 bis 20 Uhr oder von 20 bis 1 Uhr. Am liebsten fahre ich <u>frühmorgens</u>. Da sind die Leute noch müde und sehr ruhig.

2

a die Frühschicht: Man muss sehr früh aufstehen und mit der Arbeit beginnen. Aber dafür hat man am frühen Nachmittag auch frei.
b die Arbeitszeit: Das bedeutet: Von wann bis wann arbeitet man?
c die Spätschicht: Man beginnt erst mittags oder nachmittags mit der Arbeit, muss aber bis circa 22 Uhr abends arbeiten.
d das Wochenende: Das sind Samstag und Sonntag.
e die Nachtschicht: Man beginnt am Abend mit der Arbeit und ist dann bis zum Morgen im Dienst.

3

	Mitarbeiter	Montag	Dienstag	Mittwoch	Donnerstag	Freitag	Samstag	Sonntag
SCHICHTPLAN	Frank Wörner	X	F	F	S	S	S	N
	Jürgen Kunze	X	X	F	F	F	S	S
	Miroslav Batić	N	N	X	X	U	U	U

F = Frühschicht   S = Spätschicht   N = Nachtschicht   U = Urlaub   X = frei

Schritte plus im Beruf

Lösungen und Transkriptionen

zu Seite 12 bis Seite 14: Über einen Schicht- und Einsatzplan sprechen

4

Gespräch 1:
* Herr Batić, leider ist Herr Wörner krank geworden. Könnten Sie am Sonntag *die Nachtschicht* für ihn machen?
* Das geht leider nicht. Ich habe am Sonntag *Urlaub*.
* Ach ja, richtig. Nun, dann muss ich Herrn Kunze fragen.

Gespräch 2:
* Hallo, Miro! Du, ich habe eine Frage: Meine Frau hat nächste Woche am Mittwoch Geburtstag. Da habe ich *Spätschicht*. Ich würde gerne tauschen. Wann musst du denn arbeiten?
* Am Mittwoch? Da habe ich *Frühschicht*. Wir können gerne tauschen.
* Ja, das wäre gut. Ich frage dann mal den Moretti. Ich hoffe, er ist einverstanden.
* Alles klar. Sagst du mir Bescheid?
* Ja, das mache ich. Vielen Dank schon einmal.

Gespräch 3:
* Herr Moretti, kann ich Sie einen Moment sprechen?
* Ja. Was gibt es denn?
* Ich würde gerne nächsten Mittwoch mit Herrn Batić *die Schicht tauschen*. Meine Frau hat nämlich Geburtstag. Ist das für Sie in Ordnung?
* Einen Moment, ich sehe mal nach. Also, Sie *übernehmen* dann *die Frühschicht* und Herr Batić macht die Spätschicht?
* Ja, genau.
* Also gut, einverstanden. Ich habe es notiert.
* Vielen Dank, Herr Moretti.

Schritte plus im Beruf

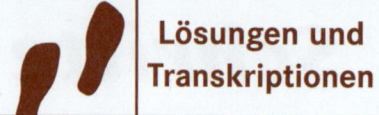
Lösungen und Transkriptionen

zu Seite 15 bis Seite 16: Telefonische Bestellungen machen

1

- ■ Brücken-Apotheke, guten Tag. Sie sprechen mit Frau Maier. Was kann ich für Sie tun?
- ◆ Guten Tag, hier spricht Beata Podolski. Könnte ich zwei Medikamente bei Ihnen bestellen?
- ■ Aber sicher. Was brauchen Sie denn?
- ◆ Ich bräuchte die Tabletten *Ripral* und dann noch die Salbe *Veltoran*.
- ■ Einen Augenblick, bitte. Ich sehe gleich nach, ob wir die Medikamente vorrätig haben.
- ■ *(Nach einer Pause)* Hören Sie? *Veltoran* haben wir da. Die Tabletten müssten wir allerdings bestellen. Die könnten Sie dann heute ab 12 Uhr abholen. Reicht Ihnen das?
- ◆ Ja, das ist in Ordnung. Würden Sie mir bitte die Salbe bis dahin zurücklegen?
- ■ Natürlich, gern. Wie war noch einmal Ihr Name?
- ◆ Podolski, Beata.
- ■ In Ordnung, Frau Podolski. Sie können die beiden Medikamente dann heute Mittag abholen. Und bringen Sie bitte auch das Rezept für *Ripral* mit.
- ◆ Richtig! Das hätte ich beinahe vergessen ... . Vielen Dank. Auf Wiederhören.
- ■ Gerne, Frau Podolski. Dann bis später. Auf Wiederhören!

2

b In der Apotheke.
a Medikamente bestellen.
b Sie kann ab 12 Uhr kommen.

Schritte plus im Beruf

Lösungen und Transkriptionen

zu Seite 17 bis Seite 18: Anweisungen zur (Schutz-)Kleidung verstehen

1 Schweißer

a

- die Schutzbrille
- der Helm
- der Gehörschutz
- die (Leder-)Schürze
- die Handschuhe
- der Arbeitsanzug

b Bei dieser Arbeit passieren oft Unfälle. Also trägt der Mann Schutzkleidung.

2

		richtig	falsch
a	Der Schweißer bekommt zuerst seine Schutzkleidung, vorher darf er nicht arbeiten.	X	
b	Der Schweißer muss fast immer Schutzkleidung tragen.		X
c	Die Schutzkleidung gibt es in einer Größe. Diese Größe passt allen.		X
d	Die Schutzkleidung für einen Schweißer besteht aus fünf Teilen.		X
e	Die Schutzkleidung darf nicht kaputt sein.	X	

3

Die Verkäuferin trägt ein Kostüm.
Der Polizist hat eine Uniform an.
Der Kaufmann trägt einen Anzug.
Die Krankenschwester trägt einen Kittel und eine Schwesternhaube.
Der Mechaniker hat eine Latzhose an.

4

Diese Kleiderordnung gilt für das Pflegepersonal in Krankenhäusern, also für Krankenschwestern und Krankenpfleger.

5

Die Dienstkleidung ist weiß, die Schutzkleidung weiß und grün.
Dazu gehören: Kittel, Hosen, flache Schuhe und Schürzen.
Man muss den Kittel ausziehen und aufhängen.
Man zieht sie aus oder man gibt sie in die Wäsche.
Man will das Personal schützen, aber auch die Patienten.

Schritte plus im Beruf

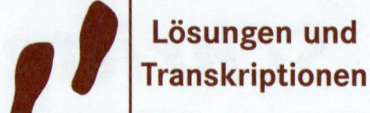
Lösungen und Transkriptionen

zu Seite 19 bis Seite 20: Der Einstand – eine Einladung annehmen / schreiben

1a

Richtig sind: 2, 3 und 6.

2

a Die *Vertriebsabteilung* — ist ein Gericht aus Eiern.

b Eine große Firma hat oft viele *Standorte*. — ist ein Teil in einer Firma. Ihre Aufgabe ist der Verkauf von Produkten.

c Ein *Omelett* — Das bedeutet: Die Firma gibt es in verschiedenen Stadtteilen, Städten oder Ländern.

3

a Raquel arbeitet seit zwei Wochen dort.
b Sie hat in derselben Firma, aber am Standort in Spanien gearbeitet.
c Sie lädt sie zu ihrem Einstand / zum Omelettessen ein.
d Sie möchte ihren Einstand am 29. Oktober um 10 Uhr geben.

4

Liebe Raquel,

vielen Dank für die Einladung zu Deinem Einstand. Ich komme gern.
Kann ich vielleicht etwas mitbringen?

Herzliche Grüße
Vera

5

Liebe Kolleginnen und Kollegen,

ich möchte meinen Einstand geben und lade Sie dazu am nächsten Donnerstag um 14 Uhr ein.
Haben Sie Zeit? Ich würde mich sehr freuen!

Viele Grüße
…

Schritte plus im Beruf

Lösungen und Transkriptionen

zu Seite 21 bis Seite 24: Einen Personalbogen ausfüllen

1

Mein Name ist Anetta Grabski. Ich komme aus Polen. Meine Staatsangehörigkeit ist polnisch. Ich wohne in Bonn. Von Beruf bin ich Buchhalterin. Ich bin geschieden und habe zwei Kinder. Seit einem Jahr sind wir in Deutschland. Ich spreche Polnisch, Russisch, Englisch und Deutsch. Ich kann mit Excel und Word arbeiten.

2

Angaben				
Name	Grabski	José	Cinotto	el Sadin
Vornamen	Anetta		Anna	Chaled Anwar
Geburtsname	Kopyto			
Geburtsdatum	17.09.1970			
Geburtsort	Polen	Madrid		
Kreis, Land		Spanien		
Staatsangehörigkeit	polnisch		italienisch	
Anschrift			Hauptstraße 22, 4011 Basel	
Telefonnummer				089/6788504
Bankverbindung		Kto 466398 BLZ 72091000 Sparkasse Augsburg		
Familienstand	geschieden		verheiratet	ledig
Schulabschluss				Abitur
Berufsbezeichnung	Buchhalterin		Stewardess	Dipl. Ingenieur
besondere Kenntnisse / Fähigkeiten	Russisch, Englisch, Deutsch Word, Excel	Führerschein Klasse C	gute Kenntnisse in Englisch, Deutsch, Französisch	fließend Französisch, Englisch

Schritte plus im Beruf

Lösungen und Transkriptionen

zu Seite 25 bis Seite 28: Einen Arbeitsauftrag bekommen und darauf reagieren

1

Honig, Schüsseln, Servietten, Wurst, Obst, Joghurt, Gabeln, Messer, Teller, Kaffee, Löffel, Tischdecke, Milch, Marmelade, Quark, Brot, Käse, Brezel, Brötchen, Eier, Butter, Müsli, Tee, Kuchen

2

Singular			Plural
der	das	die	die
Honig	Brötchen	Brezel	Eier
Käse	Obst	Butter	Servietten
Kuchen	Brot	Marmelade	Teller
Kaffee	Müsli	Wurst	Gabeln
Tee		Milch	Messer
Joghurt		Tischdecke	Löffel
Quark			Schüsseln

Teller, Messer und Löffel sind auch Singularformen. Im Singular heißt es:
der Teller, der Löffel, das Messer.

Schritte plus im Beruf

Lösungen und Transkriptionen

zu Seite 25 bis Seite 28: Einen Arbeitsauftrag bekommen und darauf reagieren

3

▽ So, Frau Klimt, beginnen wir: Zuerst legen Sie die Tischdecke auf den Tisch. Das sieht dann gleich schön und sauber aus. Dann fangen Sie mit dem Aufbau an: Vorne links stehen die Teller und Schüsseln. Daneben stellen Sie dann die Eier, die Wurst und den Käse. Wichtig ist, dass Sie die Wurst immer zwischen die Eier und den Käse stellen!

● Die Wurst zwischen Eier und Käse, okay.

▽ Nun, neben dem Käse stehen dann die Marmelade und das Müsli. Ach, Moment, der Honig fehlt uns ja noch … Den stellen Sie am besten zwischen die Marmelade und das Müsli. Hinter das Müsli kommt dann der Joghurt, der Quark und die Milch. Nun, und weil so viele Gäste gerne etwas Süßes frühstücken, haben wir immer frischen Kuchen. Der steht neben dem Müsli und den müssen Sie auch anschneiden.

● Entschuldigung, was muss ich mit dem Kuchen machen?

▽ Sie sollen vom Kuchen schon einmal die ersten vier oder fünf Stücke schneiden. Moment, ich zeige es Ihnen. So, sehen Sie?

● Ach so. Ja, jetzt habe ich Sie verstanden. Das bedeutet also „anschneiden" …

▽ Genau. Ja, mit dem Kuchen sind wir dann auch fast am Ende von unserem Buffet. Jetzt kommen noch das Brot, die Brötchen und die Brezeln. Und natürlich die Servietten und das Besteck. Das dürfen Sie nicht vergessen. Hier liegen die Messer und die Gabeln und davor legen Sie die Löffel.

● Löffel … Gut. Und die Getränke? Wohin kommen eigentlich die Getränke?

▽ Die servieren Sie. Sie gehen an die Tische und fragen die Gäste, was sie trinken möchten. Den Kaffee oder den Tee müssen Sie dann an die Tische bringen.

● Alles klar. Aber Moment: Wohin kommt denn das Obst?

▽ Ach ja, das Obst. Das hätte ich fast vergessen. Das Obst steht immer beim Müsli.

Tischdecke auf den Tisch legen
Teller und Schüsseln vorne links auf das Buffet stellen
Eier, Wurst und Käse
Wurst zwischen Eier und Käse!
Marmelade und Müsli
Honig zwischen Marmelade und Müsli
Joghurt, Quark und Milch hinter das Müsli
Kuchen (anschneiden!)
Brot, Brötchen und Brezeln
Servietten und Besteck
Messer und Gabeln, davor: Löffel
den Gästen die Getränke an den Tisch bringen
Obst bei Müsli

4 Siehe die Notizen oben.

Schritte plus im Beruf

Lösungen und Transkriptionen

zu Seite 29 bis Seite 31: Gespräche in der Kantine

1

	(die) Kantine	(das) Restaurant
... hat bis ca. 23:00 Uhr geöffnet.		X
Hier kann man etwas zu essen kaufen und mitnehmen.	X	
Hier bedienen Kellner.		X
Das Essen ist günstig.	X	
Es gibt nur ein oder zwei Gerichte zur Auswahl.	X	
Es gibt eine Speisekarte.		X
Sein Essen muss man hier selbst holen.	X	
In ... geht man an besonderen Tagen.		X
... gibt es nur in Betrieben, Firmen und Ämtern.	X	

3

Gespräch 1: B
Gespräch 2: D
Gespräch 3: A
Gespräch 4: C

4

a (das) Jägerschnitzel: Ein Jägerschnitzel ist ein Fleischgericht. Man isst es mit einer Sahne-Pilz-Soße.
b (die) Tagessuppe: Diese Suppe gibt es nur an dem einen Tag. Am nächsten Tag gibt es eine andere (Tages-)Suppe.
c (das) Tagesmenü: Dieses Menü (Vorspeise, Hauptspeise, Nachspeise) gibt es nur an dem einen Tag. Am nächsten Tag gibt es ein anderes (Tages-)Menü.
d Mahlzeit!: *Mahlzeit!* bedeutet hier so viel wie: Guten Tag und guten Appetit! Man sagt es oft in der Kantine oder auf dem Weg zur Kantine.
e (die) Beilage: Beilagen sind zum Beispiel Gemüse oder Nudeln. Es gibt sie zum Hauptgericht.

Schritte plus im Beruf

Lösungen und Transkriptionen

zu Seite 32 bis Seite 34: Schriftliche Mitteilungen am Arbeitsplatz: Termine bestätigen, absagen und verschieben

1
   b

2
- a Die Besprechung ist am 6. März 20.. .
- b Die Besprechung beginnt um 9 Uhr 30 und endet um 12 Uhr.
- c Im Konferenzraum im Erdgeschoss.
- d Die Abteilungen Export, Marketing und der Kundenservice sind eingeladen.

3
- a Eva Neuwirth bestätigt den Termin / sagt zu.
- b Ellen Severin sagt den Termin ab.
- c Tim Schmitz möchte den Termin verschieben.

4

a Sehr geehrter Herr Vollmer,

Ihre Einladung zu unserem Gespräch habe ich bekommen und bestätige Ihnen hiermit mein Kommen.

Mit freundlichen Grüßen
Elisabeth Rusch

b Liebe Kolleginnen und Kollegen,

zu der Team-Besprechung morgen kann ich leider nicht kommen, weil meine Tochter krank geworden ist.

Herzliche Grüße
Rebecca Hofer

c Liebe Kathrin,

der Termin für unser Gespräch passt mir leider nicht so gut. Könnten wir unser Treffen nicht auf einen anderen Tag verschieben, zum Beispiel auf Dienstag um 10 Uhr?

Vielen Dank und viele Grüße
Juliane

Schritte plus im Beruf

Lösungen und Transkriptionen

zu Seite 35 bis Seite 36: Schriftliche Mitteilungen am Arbeitsplatz: Einen Arbeitsauftrag weitergeben

1
- [6] Mit frischem Wasser und Schwamm gut auswaschen.
- [4] Verschmutzte Flächen gleichmäßig mit Backofenreiniger einsprühen.
- [2] Flasche vor Gebrauch schütteln.
- [5] Alles 20 Minuten einwirken lassen, bei sehr starker Verschmutzung auch länger.
- [3] Den Backofen ausschalten.
- [1] Den Backofen 10 Minuten auf 80 Grad aufheizen.

2
1. Heizen Sie / Heiz den Backofen 10 Minuten auf 80°C auf!
2. Schütteln Sie / Schüttle die Flasche vor dem Gebrauch!
3. Schalten Sie / Schalte den Backofen aus!
4. Sprühen Sie / Sprüh die verschmutzten Flächen gleichmäßig mit Backofenreiniger ein!
5. Lassen Sie / Lass alles 20 Minuten einwirken, bei sehr starker Verschmutzung auch länger!
6. Waschen Sie / Wasch den Ofen mit frischem Wasser und Schwamm gut aus!

3

S	C	H	Ü	T	T	E	L	N	X
C	B	K	R	Z	U	C	K	S	W
H	A	Q	I	K	T	K	V	M	A
W	U	S	P	E	R	G	E	I	G
A	S	F	V	N	S	E	R	B	L
M	S	U	I	A	K	I	S	N	E
M	C	E	D	Ü	X	N	C	U	I
L	H	U	I	H	T	W	H	S	C
W	A	S	S	E	R	I	M	K	H
Q	L	M	Z	U	R	R	U	W	M
L	T	I	T	T	B	K	T	C	Ä
G	E	F	J	Z	O	E	Z	R	ß
U	N	I	E	L	A	N	U	F	I
B	A	C	K	O	F	E	N	O	G
M	R	Z	O	G	P	A	G	F	B

4

a
- [6] beides mit klarem Wasser abspülen
- [4] mit Salz bestreuen
- [1] Backblech und Backgitter aus dem Ofen nehmen
- [3] Backblech und Backgitter aus dem Wasser nehmen
- [5] Schmutz gut abreiben
- [2] beides gut in Wasser einweichen

b
1. Nehmen Sie / Nimm das Backblech und das Backgitter aus dem Ofen.
   Zuerst müssen Sie / musst Du das Backblech und das Gitter aus dem Ofen nehmen.
2. Weichen Sie / Weich beides gut in Wasser ein.
3. Nehmen Sie / Nimm das Backblech und das Backgitter aus dem Wasser.
4. Bestreuen Sie / Bestreue beides mit Salz.
5. Reiben Sie / Reib anschließend den Schmutz gut ab.
6. Zum Schluss müssen Sie / musst Du beides mit klarem Wasser abspülen.

Schritte plus im Beruf

Lösungen und Transkriptionen

zu Seite 37 bis Seite 39: Über Zuständigkeiten und Abteilungen sprechen

1a

verantwortlich sein für (30 Mitarbeiter, die Finanzen)
zuständig sein für (die Computer, die Werbung)

zusammenarbeiten mit (einem Kollegen)
telefonieren mit (einem Lieferanten)

(etwas) schicken an (einen Kunden)
arbeiten an (einem Tisch)

helfen bei (Problemen)

sich kümmern um (Löhne, seine Mitarbeiter)

b

Wofür ist Frau Hübner verantwortlich?
Für die finanzielle Seite von Möbel Hölzer.

Worum kümmert sich Frau Senger?
Um die Löhne und Gehälter der Angestellten.

An wen schickt Frau Weiß Prospekte?
An Kunden.

Mit wem telefoniert Frau Westhagen?
Mit den verschiedenen Lieferanten.

Woran arbeitet Herr Lindemann gerade?
An einem Esstisch.

Wobei hilft Herr Jensen?
Bei technischen Problemen.

Wofür ist Herr Wolters zuständig?
Für den Verkauf der Möbel.

Für wen ist Herr Hölzer verantwortlich?
Für seine Mitarbeiter.

c

Ich denke, Frau Weiß arbeitet im Marketing.
Frau Hübner arbeitet wahrscheinlich in der Buchhaltung.
Frau Senger arbeitet wohl in der Personalabteilung.
Ich glaube, Frau Westhagen arbeitet im Einkauf.
Herr Jensen ist in der IT-Abteilung tätig.
Herr Wolters arbeitet vermutlich im Vertrieb.
Herr Lindemann arbeitet in der Entwicklung.
Herr Hölzer ist in der Geschäftsleitung.

Schritte plus im Beruf — Lösungen und Transkriptionen

zu Seite 40 bis Seite 42: Eine Agenda verstehen und schreiben

1

Die Leute machen zusammen ein Seminar.

a

der Moderator — die Seminarteilnehmerin — die Referentin

b

	die Referentin / der Referent	die Moderatorin / der Moderator	die Teilnehmerin / der Teilnehmer
die Teilnehmer und die Referenten begrüßen / verabschieden		X	
über ein Thema diskutieren	X	X	X
einen Vortrag halten	X		
Fragen stellen	X	X	X
die Referenten vorstellen		X	
Ergebnisse zusammenfassen		X	
Mittag essen	X	X	X
in das Thema einführen	X	X	
Gruppenarbeit machen			X
etwas präsentieren	X		X

Schritte plus im Beruf

Lösungen und Transkriptionen

zu Seite 40 bis Seite 42: Eine Agenda verstehen und schreiben

2

		richtig	falsch
a	Das Seminar findet im Herbst statt.	X	
b	Nur die Mitarbeiterinnen dürfen an dem Seminar teilnehmen.		X
c	Die Referentin Frau Heller übernimmt den ersten Programmpunkt.		X
d	Die Teilnehmer können mit Herrn Wenders auch diskutieren.	X	
e	Mittags gehen alle zusammen ins Café.		X
f	Frau Heller präsentiert ihr Thema vor dem Mittagessen.	X	
g	Am Nachmittag müssen sich die Teilnehmer vorstellen.		X
h	Die Moderatorin fasst die Ergebnisse vom Seminar zusammen und verabschiedet die Referenten und die Teilnehmer.	X	

3

Wann?	Was?	Wer?
09:00 - 09:15	Begrüßung Einführung in das Thema Vorstellung	Frau Fuchs
09:15 - 10:15	Vortrag: „Fragetechniken im Kundengespräch"	Frau Hubertus
10:15 - 10:45	Fragen an die Referentin	Frau Hubertus und die Teilnehmerinnen und Teilnehmer
10:45 - 11:00	PAUSE	alle
11:00 - 12:30	Arbeit in Kleingruppen zum Thema „Wer ist mein Kunde eigentlich?"	alle Teilnehmerinnen und Teilnehmer
12:30 - 13:30	MITTAGESSEN	alle
13:30 - 14:30	Vorstellung: Ergebnisse aus der Gruppenarbeit	alle Teilnehmerinnen und Teilnehmer
14:30	ENDE	

Schritte plus im Beruf

Lösungen und Transkriptionen

zu Seite 43 bis Seite 45: Über Gepflogenheiten am Arbeitsplatz sprechen

1

Foto a: die Betriebsversammlung
Foto b: die Geburtstagsfeier
Foto c: die Abschiedsfeier
Foto d: die Besprechung
Foto e: der Betriebsausflug

3

Gespräch 1: Foto b
- ◆ Susanne, Herr Nemec wird nächste Woche 50 und wir sammeln für ein Geschenk für ihn. Machst du mit?
- ■ Ja, natürlich. Moment. Hier bitte.
- ◆ Vielen Dank.

Gespräch 2: Foto c
- ◆ Was sollen wir ihm schenken? Ein Buch?
- ■ Ach nein, er liest so wenig. Vielleicht einen Gutschein, was meinst du?
- ◆ Einen Gutschein hat er letztes Jahr schon zu seinem Firmenjubiläum bekommen. Wie wär's mit Pralinen?
- ■ Das ist eine gute Idee. Wir kaufen ihm Pralinen.

Gespräch 3: Foto a
- ◆ Herzlichen Glückwunsch zum Geburtstag, Herr Nemec! Wir wünschen Ihnen alles, alles Gute, Gesundheit, Lebensfreude und weniger Arbeit.
- ■ Vielen Dank für die Glückwünsche! Ja, weniger Arbeit wäre manchmal gut, aber zu wenig ist auch nichts. Bitte greifen Sie doch zu, das Buffet ist eröffnet!

4

Richtig sind: b und e. Falsch sind: a, c und d.

5a
- ◆ Frau Kunze, *ich sammle für ein Geschenk* für Herrn Schwarz. Er hat sein 30-jähriges Jubiläum in der Firma. Möchten Sie auch etwas dazu geben?
- ■ *Selbstverständlich!* Wie viel soll ich denn geben?
- ◆ Das ist egal. Geben Sie so viel, wie Sie möchten.
- ■ Gut, dann gebe ich Ihnen drei Euro. Ist das *in Ordnung*?
- ◆ Aber ja, natürlich. *Vielen Dank.*
- ■ Was schenken wir Herrn Schwarz denn?
- ◆ Er hat sich einen *Bücher-Gutschein* gewünscht.
- ■ Schön!

b
- ● Liebe Frau Korkmaz, *wir alle gratulieren Ihnen herzlich zu Ihrer Hochzeit!*
- ▼ Danke, *das ist aber sehr nett.*
- ● Wir haben auch gesammelt und möchten Ihnen gerne eine *Kleinigkeit* schenken. Bitte sehr!
- ▼ Ach, das ist doch nicht nötig gewesen. So ein schönes *Kochbuch*. Ich danke Ihnen wirklich sehr.
- ▲ Von mir auch: *Herzlichen Glückwunsch!*
- ▼ Ja, danke! Nun aber, liebe Kolleginnen und Kollegen, greifen Sie zu. *Das Kuchen-Buffet ist eröffnet.*

Schritte plus im Beruf

Lösungen und Transkriptionen

zu Seite 46 bis Seite 48: Mit Kollegen Small Talk machen

1

Zum Beispiel: sich kennenlernen, leichte Themen, kurz, freundlich, gute Atmosphäre

2

Die Leute sprechen über das Wochenende (Gespräch 1), über den Urlaub (Gespräch 2) und über ein Fußballspiel (Sport) (Gespräch 3).

a

Frau Haas möchte auf den Flohmarkt gehen.
Herr Gernhardt hat Urlaub. Seinen Urlaub verbringt er zu Hause auf dem Balkon.
Herr Meder und Herr Vial wollen das nächste Mal zusammen ins Fußballstadion gehen.

b

Vorsichtig muss man bei den Themen Gesundheit und Politik sein. Auch sollte man nicht oft schlecht über andere Kollegen sprechen.

3

Gespräch 1:

Frau Haas:	Hallo Herr Franke!
Herr Franke:	Hallo Frau Haas! *Wie geht's?*
Frau Haas:	Danke, am Freitag geht's mir immer gut, so kurz vorm Wochenende …
Herr Franke:	*Oh ja*, das verstehe ich. *Haben Sie denn Pläne?*
Frau Haas:	Ja, morgen geht es erst einmal auf alle Fälle auf den Flohmarkt am Arnulfpark.
Herr Franke:	*Ah*, sehr schön. *Na dann viel Spaß und schönes Wochenende!*
Frau Haas:	Danke gleichfalls!

Gespräch 2:

Frau Miller:	Hallo, Herr Gernhardt! *Ich habe gehört*, Sie sind ab morgen in Urlaub. *Wohin fahren Sie denn?*
Herr Gernhardt:	Tag, Frau Miller. Tja, dieses Jahr machen wir Urlaub auf Balkonien. … Sagt Ihnen das etwas?
Frau Miller:	Nein, ehrlich gesagt nicht. … *Hm …*
Herr Gernhardt:	Tja, da müssen Sie sich einmal erkundigen, Frau Miller. Es gibt nichts Besseres und Billigeres als Urlaub auf Balkonien …
Frau Miller (lacht):	… *Ach*, jetzt verstehe ich …! *Na dann wünsche ich Ihnen eine schöne Zeit und gute Erholung!*

Gespräch 3:

Herr Meder:	Hallo, Herr Vial! Sagen Sie: *Wollten Sie nicht ins Stadion gehen und das Fußballspiel Hamburg gegen Mailand ansehen?*
Herr Vial:	Ja, das stimmt. War ein tolles Spiel! Waren Sie denn auch da?
Herr Meder:	Klar! … *Was denken Sie: Eigentlich könnten wir das nächste Mal zusammen gehen, oder?*
Herr Vial:	Gute Idee, einverstanden. Ich freue mich!
Herr Meder:	Ich mich auch. Aber jetzt geht's erst einmal wieder an die Arbeit …
Herr Vial:	Genau! *Frohes Schaffen also!*

Schritte plus im Beruf

Lösungen und Transkriptionen

zu Seite 49 bis Seite 51: Über Waren mündlich Auskunft geben

1

Schrauben, Nägel, Werkzeug (Hammer, Zangen, Schraubenzieher, Bohrmaschinen, Sägen), Gartenutensilien (Rechen, Spaten, Gartenscheren), Pflanzen, Blumentöpfe, Holz, Farben, Klebstoffe und viele andere Dinge, zum Beispiel auch Lampen und Glühbirnen.

2

Abteilung	Produktname	Mengenangabe	Preis
Eisenwaren	(Spanplatten-)Schrauben (Stahl-)Nägel	200 Stück 20 Stück	8,75 € 1,95 €
Werkzeug	RYOBI Kettensäge Bohrmaschine	1 Stück 1 Stück	149 € 19,95 €
Farben und Tapeten	Farbe (Lackier-)Pinsel	2,5 Liter 1 Stück	19,95 € 3,65 €
Gartenbedarf	Blumenkelle Blumenzwiebeln	1 Stück 3 Stück	4,25 € 1,39 €
Beleuchtung	Pendelleuchte „Antwerpen" Glühlampen	1 Stück 2	59,95 € 5,95 €

3

Gespräch 2: etwas bestellen / eine Bestellung aufgeben.
Gespräch 3: reklamieren.
Gespräch 1: eine Auskunft.

Gespräch 1:
▲ Bauen und Werken, Sie sprechen mit Tanja Eber, was kann ich für Sie tun?
● Ja, guten Tag, Meier hier. Ich brauche eine Auskunft.
▲ Bitte, gern!
● Also, ich suche eine Bohrmaschine, mit der man auch Schrauben ein- und ausdrehen kann. Haben Sie so etwas?
▲ Selbstverständlich. Wir haben diese Art von Bohrmaschinen in mehreren Preisklassen und Größen vorrätig.
● Verstehe. Und wie viel kostet so eine Maschine?
▲ Nun, das billigste Modell kostet 79 Euro. Aber wir haben auch Bohrmaschinen für knapp 600 Euro. Kommen Sie doch am besten zu uns in die Werkzeugabteilung, dann können wir Ihnen die verschiedenen Modelle zeigen.
● Ja, das ist eine gute Idee. Ich komme heute nach der Arbeit. Danke für die Auskunft!
▲ Gern geschehen, Herr Meier. Bis später! Auf Wiederhören.
● Auf Wiederhören.

Schritte plus im Beruf

Lösungen und Transkriptionen

zu Seite 49 bis Seite 51: Über Waren mündlich Auskunft geben

Gespräch 2:
* ✶ Bauen und Werken, Sie sprechen mit Tanja Eber, womit kann ich Ihnen behilflich sein?
* ▪ Guten Tag, hier spricht Sabine Meise. Ich habe in Ihrem aktuellen Prospekt gelesen, dass Sie zehn Blumenzwiebeln für 2 Euro 95 verkaufen. Ist da noch etwas vorrätig?
* ✶ Einen Augenblick, bitte. Da muss ich kurz nachfragen. Hören Sie? Es gibt noch Blumenzwiebeln für 2 Euro 95, aber nicht mehr besonders viele. Sie müssten also bald kommen.
* ▪ Könnten Sie mir denn drei Packungen mit zehn Zwiebeln zurücklegen? Ich würde sie dann heute Nachmittag abholen.
* ✶ Drei Packungen? Ja, gerne. Auf welchen Namen soll ich die Ware zurücklegen?
* ▪ Meise. Marta-Emil-Ida-Siegfried-Emil, Sabine.
* ✶ Und Ihre Telefonnummer, Frau Meise?
* ▪ 754533.
* ✶ Gut, die Packungen liegen bei der Abholung für Sie auf Ihren Namen bereit.
* ▪ Recht herzlichen Dank! Auf Wiederhören!
* ✶ Auf Wiederhören!

Gespräch 3:
* ▼ Bauen und Werken, Sie sprechen mit Tanja Eber, was kann ich für Sie tun?
* ● Knote, hallo. Ich habe eine Reklamation. Bin ich da bei Ihnen richtig?
* ▼ Ja, Herr Knote. Wie kann ich Ihnen helfen?
* ● Also, ich habe gestern bei Ihnen zwei Eimer gelbe Wandfarbe gekauft. Jetzt musste ich feststellen, dass die Farben in den beiden Eimern unterschiedlich sind.
* ▼ Oh, das tut mir aber leid. Können Sie mir sagen, welche Nummern auf den Eimern stehen?
* ● Warten Sie mal: Also, auf dem einen Eimer steht F 765398 und auf dem anderen F 765394.
* ▼ Das sind zwei verschiedene Farben.
* ● Ja, das sage ich Ihnen ja.
* ▼ Herr Knote, wahrscheinlich hat mein Kollege die Eimer verwechselt. Bringen Sie doch den Eimer mit der falschen Farbe zu uns zurück. Wir tauschen ihn dann gleich um.
* ● Das will ich hoffen. Ich finde das ziemlich ärgerlich. Jetzt muss ich noch einmal kommen.
* ▼ Entschuldigen Sie unseren Fehler bitte vielmals, Herr Knote. Kommen Sie dann am besten zu mir, ich werde Sie dann bedienen.
* ● Also, gut. Wie war Ihr Name noch einmal?
* ▼ Eber, Tanja Eber ...

4

Gespräch 1:
Eine Bohrmaschine. Diese Bohrmaschine soll auch Schrauben ein- und ausdrehen können. Frau Eber meint, dass Herr Meier doch einfach vorbeikommen und sich im Geschäft informieren soll.

Gespräch 2:
Frau Meise möchte die Blumenzwiebeln im Angebot. Frau Eber muss in der Gartenabteilung nachfragen. Weil die Blumenzwiebeln bald ausverkauft sind, legt Frau Eber drei Packungen für Frau Meise zurück. Sie kann sie jederzeit abholen.

Gespräch 3: Farbe. Weil er zwei verschiedene Farbeimer hat. Frau Eber meint, dass Herr Knote noch einmal kommen muss. Dann bekommt er die gewünschte Farbe.

Schritte plus im Beruf

Lösungen und Transkriptionen

zu Seite 52 bis Seite 55: Wichtige Wörter und Wendungen für Geschäftsbriefe

1

a (das) Anschreiben
b (die) Adressänderung
c (die) Anfrage
d (die) Absage
e (die) Kündigung
f (das) Angebot

2

- [a] mit diesem Schreiben teile ich Ihnen mit, dass …
- [b] anbei / beiliegend erhalten Sie …
- [c] Bitte senden Sie mir Ihr / Ihre … zu.
- [d] Haben Sie Dank für Ihre Bewerbung.
- [e] Bitte unterschreiben Sie das Angebot und schicke Sie es an uns zurück.
- [f] Für … bedanke ich mich jetzt schon.
- [g] Es tut uns leid, aber wir … .

3

a Anfrage

Sehr geehrte Damen und Herren,

ich habe gehört, dass Sie Power-Point-Kurse anbieten.
Könnten Sie mir dazu bitte mehr / weitere Informationen senden?

Vielen Dank im Voraus.

Mit freundlichen Grüßen

Peter Stern

b Absage

Sehr geehrter Herr Hinrichs,

haben Sie Dank für Ihr Angebot. Leider müssen wir Ihnen mitteilen, dass wir uns für einen anderen Anbieter entschieden haben.

Mit freundlichen Grüßen

Sabine Müller

Schritte plus im Beruf

Lösungen und Transkriptionen

zu Seite 52 bis Seite 55: Wichtige Wörter und Wendungen für Geschäftsbriefe

c Anschreiben

Sehr geehrte Frau Tregler,

mit großem Interesse habe ich gelesen, dass Sie für Ihr Lebensmittelgeschäft einen Mitarbeiter suchen. Da ich eine Ausbildung zum Einzelhandelskaufmann gemacht habe, möchte ich mich bei Ihnen bewerben.
Beiliegend erhalten Sie meinen Lebenslauf und meine Zeugnisse. So können Sie einen ersten Eindruck von mir gewinnen.
Über eine Einladung zu einem Vorstellungsgespräch würde ich mich freuen.

Mit freundlichen Grüßen

Hannes Beck

4 Zum Beispiel:

Sehr geehrter Herr Hagner,

wie ich gelesen habe, möchten Sie Ihr Auto verkaufen. Leider ist der Preis etwas zu hoch für mich. Da ich mich jedoch sehr für Ihr Auto interessiere, möchte ich Ihnen folgendes Angebot machen: Ich zahle Ihnen 500 Euro weniger, hole das Auto aber schon heute Abend bei Ihnen ab.

Über eine Nachricht von Ihnen würde ich mich freuen.

Mit freundlichen Grüßen

Antonia Heidkamp

Sehr geehrte Frau Friedrich,

da sich meine (Tanz-)Partnerin von mir getrennt hat, möchte ich meine Mitgliedschaft in Ihrem Tanzstudio zum nächstmöglichen Termin kündigen.

Bitte bestätigen Sie mir, dass Sie diese Kündigung erhalten haben.

Mit freundlichen Grüßen

Markus Steinberger

Schritte plus im Beruf

Lösungen und Transkriptionen

zu Seite 56 bis Seite 57: Mit Kollegen Absprachen treffen

1
- a die Zulieferfirma / der Zulieferer
- b die Fertigung
- c die Qualitätssicherung

2
- ▲ Ja hallo, hier ist Breitenbach.
- ● Ah, Herr Breitenbach, ich grüße Sie.
- ▲ Ich ruf' an wegen unserer Dienstreise morgen. Also – zwei Sachen: Herr Wagner aus der Qualitätssicherung fährt auch mit. Er möchte sich die Fertigung der Bauteile auch gern mal ansehen. Vielleicht findet er ja das Problem.
- ● Ja, gute Idee!
- ▲ Und das Zweite: Am besten wir fahren zusammen vom Werk aus. Ich kann Sie mitnehmen. Wir sehen uns ja im Büro und Herrn Wagner holen wir dann aus der Qualitätssicherung ab. Sagen Sie ihm Bescheid?
- ● Ja, mach' ich. Um wie viel Uhr soll es denn losgehen?
- ▲ Gleich um acht. Ach ja, das hätte ich fast vergessen: Wir müssen auch noch bei dem zweiten Zulieferer vorbei. Möglicherweise liegt der Fehler ja bei ihm.
- ● Ach so?
- ▲ Nun ja, das ist aber kein Problem. Die beiden Zulieferfirmen sind ja ganz in der Nähe ...
- ● Ja, das sollten wir schaffen ... Allerdings ist morgen die Autobahn gesperrt – wegen Bauarbeiten oder so. Habe ich im Radio gehört.
- ▲ Oh, na dann ... fahren wir halt über die Bundesstraße. Die wird dann zwar voll sein ...
- ● Tja, geht nicht anders ...
- ▲ Nee, kann man nichts machen. Also, wir sehen uns dann morgen!
- ● Okay, Herr Breitenbach, bis morgen dann, acht Uhr.
- ▲ Genau! Bis morgen!

Richtig sind: 1b; 2b; 3b; 4a

3

Schritte plus im Beruf

Lösungen und Transkriptionen

zu Seite 58 bis Seite 59: Seinen Urlaub beantragen und eine Abwesenheitsnotiz schreiben

1

Das hängt davon ab, wo man arbeitet. Nicht nötig ist es, den Kollegen Urlaubsprospekte zu zeigen bzw. ihnen die Urlaubsadresse zu geben.

2

a	b	c	d	e	f	g
4	5	1	7	6	2	3

3

a Im August.
b Weil seine Frau ein Baby bekommt und er ihr dann helfen möchte.
c Er soll alles gut vorbereiten.

Huber:	Frau Ackermann, haben Sie kurz Zeit für mich? Ich würde gerne mit Ihnen wegen meines Urlaubs sprechen.
Chefin:	Natürlich, Herr Huber, kommen Sie herein und nehmen Sie Platz.
Huber:	Also, ich würde gern im August vier Wochen Urlaub nehmen, vom vierten bis zum neunundzwanzigsten August.
Chefin:	Vier Wochen ... Das ist aber sehr lange.
Huber:	Ja, Sie wissen wahrscheinlich, dass im August unser Baby zur Welt kommt. Da möchte ich natürlich da sein und meine Frau unterstützen. Außerdem habe ich so viele Überstunden, dass ich sowieso noch einige freie Tage guthabe.
Chefin:	Na ja, Sie haben ja Recht. Und wenn Sie alles gut vorbereiten und den Kollegen sagen, was gemacht werden muss, dann werden wir schon vier Wochen ohne Sie auskommen. Stellen Sie Ihren Antrag auf Urlaub und Freizeitausgleich. Ich genehmige ihn dann.
Huber:	Vielen Dank. Vom vierten bis zum neunundzwanzigsten – das geht also in Ordnung?
Chefin:	Ja, das geht in Ordnung.

Schritte plus im Beruf

Lösungen und Transkriptionen

zu Seite 58 bis Seite 59: Seinen Urlaub beantragen und eine Abwesenheitsnotiz schreiben

3

Antrag — **Urlaub / Freizeitausgleich**

Personal-Nr. ......1645......   Name, Vorname: ......Huber, Klaus......

☒ Ich beantrage Urlaub   ☒ Ich beantrage Freizeitausgleich für meine Überstunden

vom: ......4.8......   vom: ....
bis: ......29.8......   bis: ....

Ort, Datum: ....   Unterschrift: ......Klaus Huber......

Nur vom Arbeitgeber auszufüllen!

☒ Urlaub / Freizeitausgleich genehmigt vom: ......4.8...... bis: ......29.8......
☐ Urlaub / Freizeitausgleich abgelehnt:
1. aus dringenden betrieblichen Gründen
2. weil nicht genügend Urlaubstage / Stunden auf dem Arbeitszeitkonto zur Verfügung stehen

(mündlich) / schriftlich mitgeteilt am: ....   Unterschrift: ......Ackermann......

4

Abwesenheitsnotiz

Liebe Kolleginnen und Kollegen,
ich bin vom 4. bis einschließlich 29. August in Urlaub. Meine Vertretung ist Frau Bauer. In dringenden Fällen können Sie sich gerne an sie wenden. Am ersten September bin ich wieder im Büro.
Ich wünsche Ihnen allen einen schönen August.
Herzliche Grüße
Klaus Huber

Schritte plus im Beruf

zu Seite 60 bis Seite 62: Eine Verdienstabrechnung lesen und verstehen

1

der Verdienst — **das Einkommen** — das Gehalt

der Lohn

3

	richtig	falsch
In Zukunft muss man keine Steuern mehr bezahlen.		X
Arbeitnehmer müssen viel Geld für Sozialversicherungen bezahlen.	X	
Wenn eine Person mit Familie 3000 Euro brutto verdient, bleiben ihr am Ende nur noch 2100 Euro netto übrig.	X	
Die Regierung möchte, dass Arbeitnehmer bald keine Sozialversicherungen mehr zahlen müssen.		X

5

a Gesamtbrutto   b Lohnsteuer   c Kirchensteuer   d Nettoverdienst

6

Solidaritätszuschlag — e
Krankenversicherung — c
Rentenversicherung — a
Arbeitslosenversicherung — d
Pflegeversicherung — b

Schritte plus im Beruf

Lösungen und Transkriptionen

zu Seite 63 bis Seite 65: Die Dienstübergabe – ein Protokoll lesen und schreiben

1

a Die Abkürzung *OP* bedeutet: Operation.

b Nach einer Operation gehen die Krankenschwestern und Krankenpfleger regelmäßig zum Patienten. Sie kontrollieren, ob es ihm gut geht. Dies nennt man Nachsorge.

c Eine *Order* vom Arzt ist eine Anweisung.

d Nach einer Operation bekommen viele Patienten Thrombosestrümpfe, denn es darf keinen „Blut-Stau" in den Beinen geben.

e Krankenschwestern und Krankenpfleger haben Schichtdienst. Weil die nächste Schicht wissen muss, wie es den Patienten geht und was zu tun ist, schreiben sie vor dem Schichtwechsel ein Dienstübergabe-Protokoll.

2a

Patient	Schicht	Datum / Uhrzeit	Ereignis	Unterschrift / Kürzel
Herr Manuel Klein	an den Spätdienst	21.10. 13.23 Uhr	Heute war OP, auf Nachsorge achten. Patient kann ab 15 Uhr wieder essen.	kd -> ag

2b

a Am 21. November darf der Krankenpfleger Andreas Greiner (ag) Herrn Klein erst am Abend etwas zu essen bringen. ☐

b Dr. Meineke hat dem Patienten Thrombosestrümpfe verschrieben. ☒

c Die erste Nacht nach der Operation verläuft für Herrn Klein leider nicht sehr ruhig. ☐

d Manuel Klein bekommt am Tag nach seiner Operation Fieber. ☒

e Gegen zehn Uhr abends ist der Patient wieder fieberfrei. ☒

3

Protokoll der Dienstübergabe

Datum: 30.11.20..   Schicht: Renata Kwak (Nachtschicht)

Bewohnerin / Zimmer:	Ereignis:	Aufgaben:
Frau Steiner aus Zimmer 13	Um 2 Uhr 45 ist Frau Steiner aus dem Bett gefallen. Sie hatte am Kopf und am Rücken Schmerzen. Sie hat ein Schmerz- und ein Schlafmittel genommen. Danach ist sie eingeschlafen.	Order an den Frühdienst: Bitte informieren Sie Dr. Derr und lassen Sie Frau Steiner von ihm untersuchen.

Schritte plus im Beruf

Lösungen und Transkriptionen

zu Seite 66 bis Seite 70: Über seinen beruflichen Werdegang sprechen

1

Das Lösungswort heißt: LEBENSLAUF.
a Bild
b bewerben
c Beruf
d Karriere
e Anschreiben
f Vorstellungsgespräch
g Ausbildung
h Sprachen
i Zeugnis
j Fortbildung

2

Bewerbungsunterlagen müssen ein Anschreiben, einen Lebenslauf, ein Foto und Zeugnisse enthalten.

3

> Boris Krause hat 1993 seinen Realschulabschluss gemacht. 1997 hat er Abitur gemacht. Er hat das Gymnasium mit der Note 2,4 abgeschlossen. Von 1997 bis zum Jahr 2000 hat Boris Krause eine Ausbildung zum Bankkaufmann bei der Kreditbank AG in Bremen gemacht. Seit 2000 ist er dort im Bereich Privatkundengeschäfte tätig. Zurzeit ist er als Teamleiter für die Bereiche „Sparen" und „Kredite" verantwortlich. (…)

4

- ▲ Guten Tag Herr Krause, Rosenbaum ist mein Name. Ich bin die Leiterin der Personalabteilung und hätte noch ein paar Fragen an Sie. Könnten Sie uns bitte Ihren beruflichen Werdegang schildern?
- ● Ja, gerne. Nun, wie Sie aus meinem Lebenslauf wissen, habe ich nach meinem Abitur eine dreijährige Ausbildung zum Bankkaufmann bei der Kreditbank AG in Bremen gemacht. Anschließend war ich dort vier Jahre als Berater im Privatkundengeschäft tätig.
- ▲ Dann haben Sie eine gute Ausbildung hinter sich und auch schon ziemlich viel Berufserfahrung gesammelt. Herr Krause, wofür sind Sie bei Ihrer Bank denn zurzeit zuständig?
- ● Ich bin derzeit als Teamleiter der Bereiche „Sparen" und „Kredite" für das Privatkundengeschäft verantwortlich. Neben meiner Funktion als Teamleiter berate ich vor allem unsere Hauptkunden, wie sie ihr Geld gut anlegen und größere Anschaffungen finanzieren können.
- ▲ Interessant. Herr Krause, wie ich gelesen habe, sprechen Sie drei Fremdsprachen?
- ● Das stimmt. Ich spreche neben Deutsch auch fließend Russisch, weil ich zweisprachig aufgewachsen bin. In der Schule habe ich dann noch Englisch und Französisch gelernt.
- ▲ Hm, Sie sind ja ein richtiger Sprachenexperte … Wie sieht es denn bei Ihnen mit Weiterbildungen aus? Ich glaube, auch da haben Sie Einiges gemacht, richtig?
- ● Richtig. Ich habe eine Weiterbildung zu den Themen Kundenberatung und Verhandlungsführung gemacht. Außerdem habe ich an einem Sprachkurs für Wirtschaftsenglisch teilgenommen.
- ▲ Herr Krause, das klingt alles recht gut. Ich danke Ihnen für das Gespräch und denke, dass Sie schon bald von uns hören werden.
- ● Auch ich bedanke mich für das Gespräch. Auf Wiederhören, Frau Rosenbaum.

Schritte plus im Beruf

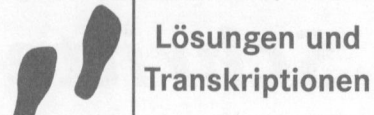

Lösungen und Transkriptionen

zu Seite 71 bis Seite 73: Ein Protokoll lesen und verstehen, über Teamarbeit diskutieren

2

a – as; b – as; c – ps; d – nr; e – nr; f – ps; g – as; h – cs.

3 Zum Beispiel:

> *Frau Smolka hat die Produkte, die die Kunden auf der Messe sehen, ausgesucht. Außerdem hat sie auch die Hotelzimmer für das Messe-Team gebucht.*

4

a – ja (Der Zeitpunkt dafür ist zu spät.); b – nein (Der Fehler liegt hier beim Wachdienst.); c – ja (Der richtige Zeitpunkt dafür war im April.); d – nein (Hier sind die Besucher nicht gekommen, obwohl Andrea Smolka sie rechtzeitig eingeladen hat.); e – ja (Hier muss Natalia Rittkowski beim nächsten Mal besser planen.)

5

In diesem Team hat jeder gedacht, dass der jeweils andere die Aufgabe erledigt. Die Kommunikation und die Absprachen untereinander haben also nicht richtig funktioniert.

6

Ein Team sollte ein gemeinsames Ziel vor Augen haben.
Alle Teammitglieder sollten so gut qualifiziert sein, dass sie ihre Aufgaben selbstständig erledigen können.
Natürlich muss jedes Teammitglied wissen, was genau seine Aufgaben sind: Die Aufgabenverteilung muss also klar sein.
Jeder Einzelne muss sich außerdem an Absprachen und Zeitpläne halten, damit das gesamte Team Erfolg hat.
Deshalb ist es auch gut, wenn eine Person das Team führt. Diese Person sollte alle anderen auch regelmäßig darüber informieren (oder auch von den anderen informiert werden), was als nächstes zu tun ist bzw. wo das Team mit seiner Arbeit steht.
Wenn es im Team einen Streit bzw. einen Konflikt gibt, sollten ihn die Teammitglieder, die den Konflikt haben, lösen.
Oft ist es besser, wenn bei der Teamarbeit Berufliches und Privates getrennt wird.
…

Schritte plus im Beruf

Lösungen und Transkriptionen

zu Seite 74 bis Seite 75: Einen Beipackzettel lesen und verstehen

1a und b

die Brausetablette, -n — [d] in Wasser auflösen und trinken
das Gel, -s — [a] auftragen und einreiben
die Tablette, -n — [c] einnehmen, schlucken
die Tropfen (Pl.) — [b] auf die Zunge / ein Stück Zucker tropfen und im Mund zergehen lassen

2

Name	Form	Krankheit	Dosierung / Anwendung	Nebenwirkungen
Voltaren	Salbe	Schmerzen, Entzündungen, Verletzungen	3-4mal täglich / auftragen und evt. leicht einreiben	Juckreiz, Rötung, Hautausschlag
Aspirin Plus C	Brausetabletten	Schmerzen, Erkältung, Fieber	1-2 Brausetabletten pro Tag in Wasser auflösen und trinken, aber nicht auf leeren Magen! (max. 3-6 Brausetabletten pro Tag)	Hautreaktionen, Atemnot, Magenprobleme. Bei längerer Einnahme: Kopfschmerzen, Schwindel, Erbrechen, Ohrensausen und Sehstörungen
Korodin	Tropfen	Herz-Kreislaufstörungen	3mal täglich 10 Tropfen auf einem Stück Zucker oder Brot oder unverdünnt auf die Zunge	keine bekannt

3 Zum Beispiel:

Das Medikament heißt Aspirin Plus C.
Es hilft gegen Schmerzen. Man nimmt es auch bei Fieber und Erkältungskrankheiten.
Man nimmt 1-2 Brausetabletten täglich. Die Tabletten werden in Wasser aufgelöst und dann getrunken.
Es ist wichtig, dass man vor der Einnahme von Aspirin Plus C etwas gegessen hat.
Wenn man Asthma hat oder das Medikament länger einnimmt, können Nebenwirkungen auftreten:
Man kann Atemnot oder Probleme mit der Haut bekommen. Aspirin Plus C kann aber auch Kopfschmerzen und Übelkeit auslösen.
Man darf es nicht bei ernsten Problemen mit dem Magen nehmen.
Man darf es nicht nehmen, wenn man schwanger ist oder eine Allergie gegen Acetylsalicylsäure hat.

Schritte plus im Beruf

Lösungen und Transkriptionen

zu Seite 76 bis Seite 79: Stellenanzeigen verstehen und eine Bewerbung schreiben

1

Die Anzeige ist seriös, weil folgende Informationen gegeben werden:
Name und Adresse der Firma, Angaben der Firma über sich selbst, Bezeichnung der Stelle, Tätigkeiten und Aufgaben, Anforderungen, die der Bewerber erfüllen muss, Ansprechpartner für Bewerber.

2

Richtig sind: a, c und d.

3

Ihre Stellenanzeige vom 16.11.20..

Sehr geehrte Damen und Herren,

hiermit möchte ich mich auf Ihre Anzeige vom 16.11.20.. in der Bochumer Zeitung bewerben.

Ein Praktikum in Ihrem Haus interessiert mich sehr, weil ich schon in Chile eine Ausbildung als Kfz-Mechatroniker gemacht habe und meine Kenntnisse in diesem Bereich weiter vertiefen möchte. Gerne würde ich später für eine deutsche Firma im spanischsprachigen Ausland arbeiten.

Ich lebe zurzeit in Bochum, weil ich meine Deutschkenntnisse verbessern möchte. Aus diesem Grund nehme ich seit zwei Monaten an einem Deutschkurs für Fortgeschrittene an der Universität teil.

Über eine Einladung zum Vorstellungsgespräch freue ich mich.

Mit freundlichen Grüßen

Pedro Gonzales

4

a Die Firma Weininger KG stellt Wohnzimmermöbel aus sehr gutem Holz und in sehr guter Qualität her.

b Die Möbel werden im In- und im europäischen Ausland verkauft.

c Junge Leute können ein 6-monatiges Praktikum machen, damit sie dort erste Berufserfahrungen sammeln.

d Bewerber müssen die Schule abgeschlossen haben oder eine Ausbildung gemacht haben. Sie sollten gute Deutschkenntnisse haben und mit Office-Programmen umgehen können. Außerdem sollten die Bewerber flexibel und selbstständig sein.

e Als Praktikant bearbeitet man Bestellungen, bereitet Kundentermine vor, verwaltet Dokumente und lernt alle kaufmännischen Aufgaben in den Bereichen Produktionsplanung, Marketing und Finanzierung kennen.

f Eine gute Betreuung, ein gutes Arbeitsklima und eine faire Bezahlung.

g Ein Anschreiben, einen Lebenslauf, Zeugnisse und ein Foto.

Schritte plus im Beruf

Lösungen und Transkriptionen

zu Seite 80 bis Seite 81: Bei einem Bewerbungsgespräch wichtige Informationen verstehen und eigene Vorstellungen äußern

1

Erlaubt sind die Fragen a, b, d, g, h, i und j.
Generell nicht erlaubt sind die Fragen c, e, f, aber es gibt Ausnahmen:
Wenn es sich zum Beispiel um eine körperlich schwere Arbeit handelt, darf der Arbeitsgeber fragen, ob die Bewerberin schwanger ist, weil es um ihren Schutz geht. Er darf dann auch nach dem Gesundheitszustand der Bewerberin / des Bewerbers fragen.
Wenn sich jemand um eine Stelle in einer kirchlichen Organisation bewirbt, dann ist auch die Frage nach der Religionszugehörigkeit erlaubt.

2

Die Antwort ist nein. Herr Hansen stellt nur Fragen, die erlaubt sind.

Herr Hansen: Guten Tag, Frau Sassone!
Frau Sassone: Guten Tag, Herr Hansen. Schön, Sie kennenzulernen.
Herr Hansen: Ganz meinerseits. So, Frau Sassone, Sie möchten bei uns als Verkäuferin arbeiten. In Ihrem Lebenslauf steht, dass Sie bereits viel Erfahrung auf diesem Gebiet haben.
Frau Sassone: Ja, richtig, ich habe die letzten fünf Jahre in einem Modegeschäft gearbeitet. Die Arbeit hat mir sehr viel Spaß gemacht. Leider musste die Inhaberin den Laden aus gesundheitlichen Gründen schließen.
Herr Hansen: Tja, so etwas passiert leider. Nun, wir verkaufen allerdings keine Kleider, sondern Haushaltswaren. Glauben Sie, dass Sie das auch können?
Frau Sassone: Das glaube ich bestimmt. Das Wichtige beim Verkaufen ist ja, dass man auf die Kunden, auf ihre Wünsche und Vorstellungen eingehen kann und sie gut berät. Ich denke, das kann ich sehr gut.
Herr Hansen: Gibt es denn auch etwas, was Sie nicht so gut können?
Frau Sassone: Nun, vielleicht bin ich nicht so flexibel. Ich muss meine Mutter pflegen und würde deshalb gerne in Teilzeit arbeiten.
Herr Hansen: Verstehe. Das ist für uns eigentlich kein Problem, denn Ihre Arbeitszeiten wären von Dienstag bis Samstag von 10 bis 14 Uhr. Wenn es allerdings auch einmal besonders viel zu tun gibt - zum Beispiel vor Weihnachten - dann erwarten wir selbstverständlich, dass Sie schon mal Überstunden machen.
Frau Sassone: Ja, das kenne ich. Sie sagten, die reguläre Arbeitszeit ist Dienstag bis Samstag von 10 bis 14 Uhr? ... Das passt mir leider nicht so gut ... . Wäre es denn möglich, dass ich Dienstag nicht arbeite, dafür aber am Samstag den ganzen Tag ins Geschäft komme?
Herr Hansen: Hmm. Das kann ich Ihnen noch nicht genau sagen. Aber eine Möglichkeit wäre das schon ... . Mal sehen, was die Kolleginnen dazu sagen. ... Was haben Sie sich denn eigentlich für ein Gehalt vorgestellt, Frau Sassone?
Frau Sassone: Nun, ich habe eigentlich an einen Stundenlohn von 12 Euro gedacht.
Herr Hansen: 12 Euro? ... Frau Sassone, das geht leider nicht. ... Ich könnte Ihnen 10 Euro anbieten.

Schritte plus im Beruf

Lösungen und Transkriptionen

zu Seite 80 bis Seite 81: Bei einem Bewerbungsgespräch wichtige Informationen verstehen und eigene Vorstellungen äußern

Frau Sassone: 10 Euro ... Hm ... Das ist mir etwas zu wenig. Könnten wir uns denn wenigstens auf 11 Euro einigen? Schließlich bin ich eine ausgebildete Fachkraft und keine Aushilfe, habe fünf Jahre Verkaufserfahrung und gute Referenzen.

Herr Hansen: Na ja, das stimmt schon. Also gut. Sie dürfen aber nicht vergessen: Sie haben bei uns 28 Tage bezahlten Urlaub.

Frau Sassone: Ja, das finde ich natürlich sehr schön. Gibt es denn auch eine Probezeit?

Herr Hansen: Oh ja, die ersten drei Monate. Da dürfen Sie sich leider auch nicht freinehmen. Sie wissen, dass Sie, wenn Sie kündigen wollen, eine Frist von vier Wochen haben? Das gleiche gilt natürlich auch für uns. Außerdem ist die Stelle auf eineinhalb Jahre befristet.

Frau Sassone: Ja, das habe ich in der Stellenanzeige gelesen. Tja ... vielleicht gibt es ja danach die Möglichkeit, weiterhin bei Ihnen zu arbeiten.

Herr Hansen: Nun, das werden wir sehen. Von meiner Seite wär's das dann auch. Haben Sie vielleicht noch Fragen?

Frau Sassone: Ja, mich würde zum Beispiel interessieren, ...

3

Arbeitszeit	Gehalt	Kündigungsfrist / andere Fristen	Probezeit/Urlaub
Dienstag bis Samstag von 10 bis 14 Uhr	*10 Euro pro Stunde, evtl. sind 11 Euro möglich*	*4 Wochen Kündigungsfrist* *die Stelle ist auf eineinhalb Jahre befristet*	*3 Monate Probezeit (kein Urlaub)* *28 Tage Urlaub im Jahr*

4

a Ich würde gerne *in Teilzeit arbeiten*.
b Wäre es denn möglich, *dass ich am Dienstag nicht arbeite, dafür am Samstag den ganzen Tag*?
c Ich habe eigentlich an *einen Stundenlohn von 12 Euro* gedacht.
d Könnten wir uns nicht wenigstens *auf 11 Euro* einigen?
e Nun, vielleicht gibt es ja danach die Möglichkeit, *weiterhin bei Ihnen zu arbeiten*.

Schritte plus im Beruf

Lösungen und Transkriptionen

zu Seite 82 bis Seite 83: Über Entwicklungen in der Firma sprechen

1

a Eine Firma verkauft ihre Produkte oft. Der *Absatz* ist gut.
b Eine Firma verdient viel Geld. Das bedeutet, dass auch der *Umsatz* der Firma gut ist.
c Die *Verkaufszahlen* stimmen. Die Kunden sind also mit den Produkten zufrieden.
d Mit anderen Worten: Die *Kundenzufriedenheit* ist relativ hoch.

2

+/- (neutral)	+ (positiv)	- (negativ)
sich entwickeln / hat sich entwickelt	steigen / ist gestiegen (um / auf)	sinken / ist gesunken (um / auf)
konstant bleiben / ist konstant geblieben	zunehmen / hat zugenommen (um / auf)	zurückgehen / ist zurückgegangen (um / auf)
sich stabilisieren / hat sich stabilisiert	wachsen / ist gewachsen (um / auf)	fallen / ist gefallen (um / auf)

3

Guter Umsatz – mehr Qualität – zufriedene Kunden

Insgesamt hat sich der Umsatz der Firma *Kunze & Co.* in den letzten Jahren positiv entwickelt. So sind die Verkaufszahlen 2008 sogar um 10 Prozent gestiegen. Obwohl der Absatz 2009 dann zunächst leicht gesunken ist, hat sich die Situation in der zweiten Jahreshälfte schnell wieder stabilisiert und auch verbessert. 2010 sind die Verkaufszahlen dann konstant geblieben – und das auf einem relativ hohen Niveau. Erst Anfang 2011 ist der Umsatz im ersten Quartal wieder zurückgegangen. Mit neuen Produkten und Qualitätskontrollen ist es *Kunze & Co.* aber gelungen, dass die Zahl der Bestellungen im zweiten und dritten Quartal wieder zugenommen hat. Es zeigt sich also auch hier: Der Schlüssel zum Erfolg sind gute Qualität und zufriedene Kunden.

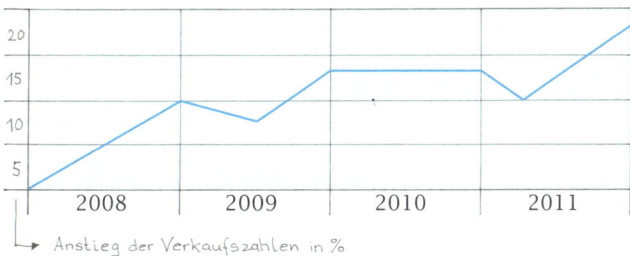

Anstieg der Verkaufszahlen in %

4

Wie man sehen kann, hat die Kundenzufriedenheit 2008 konstant zugenommen.
Anfang 2009 ist sie dann allerdings zunächst etwas zurückgegangen.
Die Grafik zeigt, dass die Kundenzufriedenheit 2010 konstant geblieben ist.
Wie man sehen kann, ist die Kundenzufriedenheit 2011 besonders stark gestiegen.
Aus der Grafik geht hervor, dass sich die Kundenzufriedenheit insgesamt sehr positiv entwickelt hat.

Schritte plus im Beruf

Lösungen und Transkriptionen

zu Seite 84 bis Seite 85: Konflikte am Arbeitsplatz

1

Gespräch 1: Die Leute müssen sehr lange warten, bis sie bestellen können.

Gespräch 2: Die Verkäuferin sagt dem Kunden nicht, dass ihre Kollegin den schönen Blumenstrauß gemacht hat.

Gespräch 1:

Gast:	Entschuldigung, könnten wir bitte ... ha...
Gast:	Entschuldigen Sie, wir würden jetzt wirklich gerne ...
Gast:	Hallo, ... nun kommen Sie doch endlich..., hach, das gibt es doch nicht!
Gast *(sehr verärgert)*:	Also, das ist wirklich ein starkes Stück. Hallo! Wir möchten nun endlich unsere Bestellung aufgeben!
Kellnerin:	Kleinen Moment noch, ich bin sofort bei Ihnen ...
Gast:	Also, das ist doch ...!
Kellnerin:	So, entschuldigen Sie bitte! Leider sind zwei Kollegen krank geworden.
Gast:	Hören Sie, das ist nicht mein Problem! Wir warten seit einer halben Stunde ... Das ist mir hier ja noch nie passiert!
Kellnerin:	Ja, das tut uns auch wirklich sehr leid! Entschuldigen Sie bitte vielmals.
Gast:	Na ja, schon gut, so etwas kann mal vorkommen ...
Kellnerin:	Darf ich Ihnen in der Zwischenzeit etwas anbieten?

Gespräch 2:

Sabine:	So, fertig. Heute schon der fünfte Blumenstrauß ...
Kunde:	Frau Konrad, dieser Strauß ist ja wunderschön geworden! Sie haben wirklich ein Händchen dafür! Den nehme ich!
Daniela Konrad:	Danke, Herr Heinz! Das hört man gerne. Das macht dann 15,00 Euro.
Sabine *(im Hintergrund)*:	Also, das finde ich jetzt aber echt nicht gut ...
Kunde:	Auf Wiedersehen, Frau Konrad!
Daniela:	Auf Wiedersehen, Herr Heinz!
Sabine:	Sag mal, Daniela ... warum hast du Herrn Heinz nicht gesagt, dass ich den Blumenstrauß gebunden habe?
Daniela:	Hm, weiß nicht ... . Es hat sich einfach nicht so ergeben. Ist doch auch nicht wichtig, oder? Hauptsache, wir verkaufen Blumen.
Sabine:	Na ja, mir wäre es aber schon wichtig! Ich meine, wenn ich schon hier in der Nähe bin, dann kannst du das doch auch sagen, oder?
Daniela:	Na ja, das sehe ich eigentlich nicht so. Aber wenn es dir so wichtig ist, dann werde ich in Zukunft daran denken, in Ordnung?
Sabine:	In Ordnung. Tut mir leid, dass ich so reagiere, aber ...

Schritte plus im Beruf

Lösungen und Transkriptionen

zu Seite 84 bis Seite 85: Konflikte am Arbeitsplatz

2

		Gespräch 1	Gespräch 2
a	Das sehe ich nicht ganz so.	☐	☒
b	Also, das ist wirklich ein starkes Stück!	☒	☐
c	Entschuldigen Sie bitte vielmals.	☒	☐
d	Wenn es so wichtig für dich ist, dann werde ich ab jetzt daran denken.	☐	☒
e	Das finde ich jetzt aber …!	☐	☒
f	Das ist nicht mein Problem!	☒	☐
g	Tut mir leid, dass ich so reagiere …	☐	☒
h	Darf ich Ihnen in der Zwischenzeit etwas anbieten?	☒	☐

3

sich entschuldigen	seine Meinung sagen	einen Kompromiss finden / vorschlagen	seinen Ärger ausdrücken
Entschuldigen Sie bitte vielmals.	Das sehe ich eigentlich nicht so.	Wenn es dir so wichtig ist, dann werde ich in Zukunft …	Also, das ist wirklich ein starkes Stück!
Tut mir leid, dass ich so reagiere, aber …	Das finde ich jetzt aber echt nicht gut!	Darf ich Ihnen in der Zwischenzeit etwas anbieten?	Das ist nicht mein Problem!
Verzeihung, ich wollte wirklich nicht, dass …	Meiner Meinung nach wäre es besser, wenn …	Wie wäre es, wenn …	Ach, so ein Quatsch! Das stimmt doch gar nicht!
Entschuldigen Sie bitte, dass …	Ich bin der Ansicht, dass …	Lassen Sie uns doch …	So etwas kommt gar nicht infrage! So eine Unverschämtheit …!

Schritte plus im Beruf

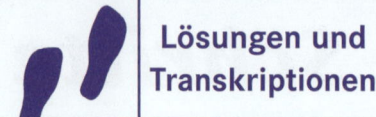
Lösungen und Transkriptionen

zu Seite 86 bis Seite 87: Einen Vortrag hören und dabei das Wichtigste notieren

2

Meine Damen und Herren, ich möchte jetzt noch einmal die wichtigsten Regeln zusammenfassen, die Sie als Berufsanfänger oder Berufswechsler beachten sollten:

Wie Sie gehört haben, kann man gerade am Anfang vieles falsch machen und sich damit selbst in Schwierigkeiten bringen. Sie haben zwar den Job bekommen, aber niemand ist perfekt und ohne Fehler und Schwächen. Verlangen Sie also nicht zu viel von sich selbst, sondern lernen Sie erst einmal die Arbeitsabläufe, die Hierarchien und Spielregeln Ihrer neuen Firma kennen: Versuchen Sie zu verstehen, wer mit wem zusammenarbeitet, welche Personen besonders wichtig sind und was man am Arbeitsplatz macht oder nicht macht. Besonders am Anfang empfehle ich also, erst einmal gut zuzuhören und viel zu beobachten. „Ohren und Augen auf, Mund zu" – so lautet Tipp Nummer eins. Schließlich müssen Sie sich erst einmal orientieren und einen Überblick bekommen.

Für einen erfolgreichen Berufseinstieg spielen Beziehungen, also gute Kontakte zu den neuen Kollegen und Vorgesetzten natürlich eine zentrale Rolle. Erwarten Sie aber nicht, dass Sie mit Blumen begrüßt werden und alle sich sofort um Sie kümmern. Das Gegenteil ist oft der Fall: Sie müssen auf die Kollegen zugehen, sich vorstellen, um Hilfe bitten und durch Freundlichkeit zeigen, dass man Ihnen vertrauen kann. Sprechen Sie gerade am Anfang – und das ist Tipp Nummer zwei – immer nur <u>mit</u> Kollegen, nicht aber <u>über</u> Kollegen. Denn alle Kollegen, die mit Ihnen über andere sprechen, sprechen mit den anderen auch über Sie und das ist meistens nichts Gutes.

Ihr fachliches Wissen und Ihre Kenntnisse, also das, was Sie wirklich können, zeigen Sie erst nach den ersten ein, zwei Monaten. Achten Sie aber darauf, vor Ihren Kollegen nicht als „Besserwisser" aufzutreten. Sagen Sie also nicht „Ach ja, das weiß ich schon, in meiner alten Firma haben wir das immer so gemacht.", sondern formulieren Sie Ihre Vorschläge und Ideen besser als Frage wie zum Beispiel: „Ah ja, ich verstehe. Aber vielleicht könnte man das auch so machen?" So ein Verhalten nennt man „taktvoll" oder auch rücksichtsvoll. Mein dritter Tipp ist also: Seien Sie taktvoll, denn je taktvoller Sie sind, desto leichter und schneller wird man Sie und Ihre Ideen gut finden und akzeptieren.

Soweit also meine Tipps, die Ihnen den Einstieg in den Beruf leichter machen sollen. Ich bin sicher, dass Sie damit schnell zum Erfolg kommen und wünsche Ihnen für die Zukunft alles Gute. Vielen Dank für Ihre Aufmerksamkeit.

Erster Tipp: Ohren und Augen auf, Mund zu!
Zweiter Tipp: Sprechen Sie nur <u>mit</u> und nicht <u>über</u> Kollegen!
Dritter Tipp: Seien Sie taktvoll!

3

Siehe Hörtext.

Schritte plus im Beruf

Lösungen und Transkriptionen

zu Seite 88 bis Seite 92: Über Waren und Dienstleistungen schriftlich Auskunft geben

1

	(der) Lieferschein	(die) Quittung	(die) Anfrage	(die) Rechnung	(das) Angebot
Frage nach Preis, Lieferbedingungen, Termin			X		
Absender: Kunde, Adressat: Firma			X		
Absender: Firma, Adressat: Kunde	X	X		X	X
Auflisten von Preis, Menge, Termin, Bedingungen				X	X
Bestätigung, dass die Ware angekommen, montiert etc. wurde	X				
Kunde muss unterschreiben	X				
Für die Firma	X				
Zeigt den Preis, der bezahlt werden muss				X	
Angabe von Kontonummer und Bankverbindung				X	
Bestätigt, dass bezahlt wurde		X			
Für den Kunden	X	X		X	X

2

a das Angebot   b die Anfrage   c der Lieferschein   d die Rechnung   e die Quittung

3

a Der Kunde ist Herr Koos von der Fahrschule Avanti.
b Um einen Kopierer der Marke Panish.
c Folgende Leistungen werden noch angeboten: Montage, Installation, Entsorgung.
d Das Geld wird auf das Bankkonto der Firma Wunsch überwiesen. / Das Geld wird per Überweisung auf das Bankkonto der Firma Wunsch bezahlt.
e Der Name und die Bankleitzahl der Bank, die Kontonummer.
f Die Rechnung muss innerhalb von 14 Tagen ohne Abzug, also vollständig, bezahlt werden.

Schritte plus im Beruf

Lösungen und Transkriptionen

zu Seite 88 bis Seite 92: Über Waren und Dienstleistungen schriftlich Auskunft geben

4

Anfrage:

Firma X

Firma Konen & Wetz
Wintergasse 35
15638 Frankfurt

Frankfurt, 22.10.20..

Anfrage

Sehr geehrte Damen und Herren,

wir interessieren uns für ein Faxgerät aus Ihrem Haus. Bitten senden Sie uns ein Angebot zu. Das Gerät sollte nicht mehr als 150 Euro kosten. Ergänzen Sie bitte auch den Preis für die Montage und den Anschluss. Vielen Dank im Voraus.
Mit freundlichen Grüßen
M. Mustermann

Angebot:

Firma X

Friseursalon Kutter
Steiler Weg 26
45367 Essen

Angebot

Sehr geehrte Damen und Herren,

wir danken Ihnen für Ihr Interesse an unseren Haartrocknern und können Ihnen folgendes Angebot machen: Ein Haartrockner „Black Professional 328" kostet inklusive Versandkosten € 47,98. Falls Sie fünf Haartrockner bestellen, reduziert sich der Gesamtpreis und beträgt nur € 209,50.

Mit freundlichen Grüßen
M. Mustermann

Rechnung:

Firma X

Gottfried Otto
Holunderweg 2
23547 Lübeck

Rechnung

Für die Lieferung eines PC-Bildschirms und einer Tastatur erlauben wir uns zu berechnen:

Menge	Produkt	Einzelpreis	Gesamtpreis
1	PC-Bildschirm	169,90 €	169,90 €
1	Tastatur	47,80 €	47,80 €
1	Montage/Anschluss	0,00 €	0,00 €
1	Entsorgung	0,00 €	0,00 €
	Enth. MwSt.19%		41,36 €
	Rechnungsbetrag	217,70	€

Bitte bezahlen Sie die Rechnung innerhalb von 14 Tagen ohne Abzug!
Postbank München: BLZ 700 100 80, Konto 375 836 276

Schritte plus im Beruf

Lösungen und Transkriptionen

zu Seite 93 bis Seite 95: Eine Produktpräsentation hören und selbst ein Produkt präsentieren

1

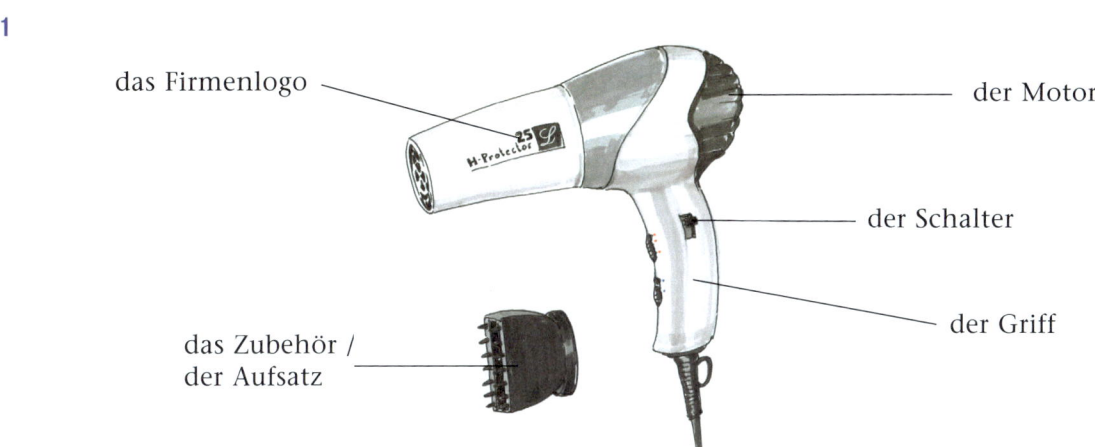

das Firmenlogo — der Motor — der Schalter — der Griff — das Zubehör / der Aufsatz

2

		richtig	falsch
a	Herr Felten spricht vor allem über drei Dinge, die an dem H-Protector 25 neu sind.	X	
b	Der neue Föhn ist für verschiedene Haartypen geeignet.	X	
c	Der H-Protector 25 ist im Vergleich zu anderen Haartrocknern immer noch zu laut.		X
d	Der Ein- und Ausschalter des neuen Föhns ist da, wo er vorher auch war.		X
e	Das Firmenlogo ist jetzt gut sichtbar.	X	
f	Die Farbwahl ist noch nicht entschieden.		X

3

den Kontakt zu den Zuhörern herstellen:
haben wir immer wieder von Ihnen gehört, dass …
… den Sie hier sehen
Sie kennen das Problem:
Ich hoffe, dass Sie unsere Kunden überzeugen können.
Wenn Sie noch irgendwelche Fragen oder Anregungen haben, …

erklären, worüber man sprechen möchte:
Dabei gehe ich vor allem auf drei Punkte ein, und zwar auf …
Unsere Kunden wünschen sich …
Auch was das … betrifft, …

verschiedene Dinge aufzählen:
Zweitens:
und damit sind wir beim dritten Punkt
und nun zum letzten Punkt in Sachen …

Schritte plus im Beruf

Lösungen und Transkriptionen

zu Seite 96 bis Seite 98: Über Regelungen am Arbeitsplatz sprechen

1/2

der Mutterschutz	Regelung, die werdende Mütter schützt. Werdenden Müttern darf zum Beispiel nicht gekündigt werden.
der Arbeitgeber	Person oder Firma, die Personen Arbeit gibt und sie dafür bezahlt
die Krankmeldung	Schriftstück, mit dem man dem Arbeitgeber meldet, dass man krank ist
die Arbeitsunfähigkeit	wenn man zum Beispiel wegen Krankheit nicht arbeiten kann
der Arbeitnehmer	Person, die bei einer Firma / bei jemandem arbeitet und dafür Geld bekommt
das Personalbüro	Büro in einer Firma, in dem man sich um Personalfragen kümmert
der Arbeitsplatz	der Ort, an dem man arbeitet, die Arbeitsstelle
der Geburtstermin	das Datum, an dem die Geburt voraussichtlich stattfinden wird
die Freistellung	wenn der Arbeitgeber den Arbeitnehmer von der Arbeit befreit

4 Gespräch 1: Text 2

- ■ Hallo, Herr Koch.
- ◆ Hallo, Frau Pittioni. Wie geht es Ihnen?
- ■ Mir geht es gut, danke. Aber meine Tochter ist krank. Sie ist zu Hause und hat Fieber. Heute passt meine Nachbarin auf sie auf, aber morgen weiß ich nicht, was ich machen soll. Da habe ich niemanden, der Laura betreuen kann.
- ◆ Aber Frau Pittioni, Sie müssen doch nicht zur Arbeit kommen, wenn Ihr Kind krank ist. Bleiben Sie morgen zu Hause und pflegen Sie Ihre Tochter. Wenn es ihr wieder besser geht, dann kommen Sie wieder. Das ist Ihr Recht.
- ■ Oh, da bin ich aber froh. Übermorgen ist Laura bestimmt wieder gesund. Danke für die Information, Herr Koch.

Gespräch 2: Text 3

- ◆ Koch, Personalbüro, guten Tag.
- ■ Guten Morgen, Herr Koch, hier spricht Singh.
- ◆ Guten Morgen, Herr Singh.
- ■ Herr Koch, ich bin krank und deshalb zu Hause geblieben. Nun weiß ich nicht, was ich tun muss, ich bin ja neu im Betrieb. Brauchen Sie heute noch eine schriftliche Krankmeldung von mir?
- ◆ Nein, das ist nicht nötig. Es reicht, wenn Sie sich telefonisch krankmelden, so wie Sie es jetzt getan haben. Erst wenn Sie länger als drei Tage krank sind, müssen Sie zum Arzt gehen und uns ein Attest bringen.
- ■ Aha, danke für die Auskunft!
- ◆ Bitte. Gute Besserung, Herr Singh.
- ■ Vielen Dank. Auf Wiederhören, Herr Koch.

Gespräch 3: Text 1

- ◆ Herein!
- ■ Guten Morgen, Herr Koch. Haben Sie kurz Zeit für mich?
- ◆ Selbstverständlich. Nehmen Sie doch bitte Platz, Frau Marik. Was kann ich für Sie tun?
- ■ Ja, also, ich habe eine Frage an Sie: Wie Sie wissen, arbeite ich mit vielen Farben und Lacken, die nicht gerade gesund sind.
- ◆ Ja, das weiß ich natürlich. Aber Sie tragen ja Ihre Schutzkleidung, richtig?
- ■ Ja, richtig. Aber ich werde ein Baby bekommen. Ich bin in der neunten Woche.
- ◆ Oh, Sie sind schwanger?! Herzlichen Glückwunsch! Ja, dann dürfen Sie natürlich nicht mehr dort arbeiten. Warten Sie ..., wir suchen doch jemanden am Empfang. Das wäre während Ihrer Schwangerschaft eine gute Stelle für Sie. Ich werde das gleich mit Frau Denk besprechen. Bleiben Sie bitte einen Moment hier, ich bin gleich wieder da.

5 Siehe Hörtext.

Schritte plus im Beruf

Lösungen und Transkriptionen

zu Seite 99 bis Seite 100: Sich über Weiterbildungsmöglichkeiten beraten lassen

2

Richtig sind die Aussagen b, d und e.

3

S: Guten Tag, Frau Ludwig. Mein Name ist Stürmer. Verena Stürmer. Ich hätte gerne ein paar Informationen zu den Weiterbildungsmöglichkeiten, die Sie im Internet anbieten.

L: Die kann ich Ihnen gerne geben. Aber erzählen Sie erst einmal kurz, Frau Stürmer, was Sie bisher gemacht haben und was Sie in Zukunft machen möchten.

S: Ich arbeite seit drei Jahren bei der Firma TV-Media GmbH. Dort muss ich einfache Bürotätigkeiten erledigen, Kaffee kochen, kopieren, die Post verteilen und so weiter. Eigentlich hatte ich gehofft, dass ich auch andere, anspruchsvollere Aufgaben bekomme, aber das ist bis jetzt nicht passiert. Deshalb würde ich mich gerne als Sekretärin weiterqualifizieren. Welche Möglichkeiten hätte ich denn da?

L: Nun, da gibt es verschiedene Möglichkeiten für Sie, Frau Stürmer: Sie könnten zum Beispiel eine komplette Ausbildung zur Sekretärin machen. Die dauert allerdings zwei bis drei Jahre. Wenn Sie nicht so viel Zeit haben, würde es sich auch anbieten, ein etwa viermonatiges Praktikum bei einer Firma zu machen. Oder aber: Sie machen neben Ihrem Beruf, berufsbegleitend also, einen Fortbildungskurs, den Sie mit einem Zertifikat abschließen.

S: Hmm ... Wie lange würde denn zum Beispiel so ein Fortbildungskurs mit Prüfung dauern?

L: Wir hätten hier einen Fortbildungskurs an unserem Zentrum für berufliche Bildung. Der beginnt Anfang nächsten Monats und findet acht Wochen lang jeden Samstag von 8.00 bis 15 Uhr 30 statt.

S: Und was lernt man in diesem Kurs?

L: Sie lernen alles, was mit moderner Geschäftskorrespondenz zu tun hat: Wie sieht ein korrekter Geschäftsbrief aus, wie schreibe ich, so dass der Kunde mich versteht, welche Rechtschreibregeln muss ich beachten und so weiter. Dann lernen Sie allgemeine Arbeitstechniken kennen: Wie wird die Post bearbeitet, wie werden Termine überwacht, Besprechungen und Reisen geplant etc. Und schließlich lernen Sie auch, wie Sie sicher mit Kunden und Kollegen umgehen – auch am Telefon –, Konflikte lösen und mit Stresssituationen klar kommen.

S: Das klingt eigentlich ganz interessant. Wie viel kostet denn so ein Kurs?

L: Einen Moment, ich sehe mal nach ... 510 Euro.

S: Das ist ganz schön viel. Könnte ich denn dafür finanzielle Hilfe bekommen? Ich habe gelesen, dass es auch da Möglichkeiten gibt.

L: Ja, natürlich, die gibt es. Da Sie schon länger berufstätig sind, müssten Sie sich ans Arbeitsamt wenden und eine Förderung für die Weiterbildung beantragen.

S: Und welche Chancen hätte ich, nachdem ich den Kurs abgeschlossen und die Prüfung bestanden habe?

L: Mit dem Zertifikat in der Tasche können Sie sich direkt bei den Firmen bewerben, die Sie interessieren. Oder Sie wenden sich an die Arbeitsagentur. Die haben oft auch sehr interessante Angebote. Unserer Erfahrung nach haben Sie nach bestandener Prüfung durchaus gute Chancen, eine passende Stelle zu finden.

S: Das wäre natürlich schön. Sie hatten vorhin gesagt, ich könnte auch ein Praktikum machen. Ist das nicht besser als eine Weiterbildung?

L: Im Prinzip sind praktische Erfahrungen immer gut, aber die haben Sie ja schon. Für Sie wäre es wirklich wichtiger, sich theoretisch weiterzubilden, damit Sie einen besseren Job mit mehr Verantwortung bekommen.

S: Ja, ich denke auch, dass das das Richtige für mich wäre. Wie geht es denn jetzt weiter?

Schritte plus im Beruf

Lösungen und Transkriptionen

zu Seite 99 bis Seite 100: Sich über Weiterbildungsmöglichkeiten beraten lassen

Kurs / Kursinhalte	Ort / Tag / Uhrzeit / Dauer	Kosten / Förderung	Chancen nach dem Kurs
Fortbildungskurs (berufsbegleitend) für Sekretärinnen Geschäftskorrespondenz, Rechtschreibung, sicherer Umgang mit Kollegen und Kunden - auch am Telefon, Konfliktvermeidung und -lösung, Umgang mit Stresssituationen	Zentrum für berufliche Bildung / Anfang des nächsten Monats / 8 Wochen / samstags von 8 bis 15 Uhr 30	510 Euro / Förderung kann man beim Arbeitsamt beantragen	Gut, aber man muss sich selbst aktiv um eine neue Stelle kümmern und sich bewerben.

Sprechen Sie mit Ihren Kursteilnehmer/-innen auch darüber, welche Weiterbildungseinrichtungen es am Kursort oder in der Nähe gibt und wo man sich über eine mögliche Förderung informieren kann.

zu Seite 101 bis Seite 103: Arbeitsdokumenten (Vertrag, Kündigung) wichtige Informationen entnehmen

1

§ 1 Tätigkeit und Aufgaben   § 2 Vergütung   § 3 Vertragsdauer und Kündigung
§ 4 Arbeitszeit und Urlaub   § 5 Regelung im Krankheitsfall   § 6 Allgemeines

2

Richtig sind: b, c, f, g, j, k, n, o, q, t.

4

Frau Dobbs ist oft zu spät gekommen, hat keine Krankmeldung geschickt und hat Urlaub genommen, obwohl die Personalabteilung das noch nicht erlaubt hat.

5

Hier muss man zwischen personenbedingten und betriebsbedingten Kündigungen unterscheiden, zum Beispiel:

Personenbedingte Kündigungen:
Alkohol- oder Drogenmissbrauch,
private Nutzung von Telefon und Internet,
Diebstahl etc.
(Kein Kündigungsgrund:
Alter und Schwangerschaft)

Betriebsbedingte Kündigungen:
Rationalisierung,
Betriebsstilllegung etc.

Tipp: Weisen Sie Ihre Kursteilnehmerinnen und Kursteilnehmer darauf hin, dass eine Kündigung erst in schriftlicher Form rechtskräftig ist.